经典中的管理智慧

李柏映 著

（三）

素书
止学·了凡四训
中的管理智慧

世界知识出版社

图书在版编目（CIP）数据

经典中的管理智慧．（三）/ 李柏映著．-- 北京：世界知识出版社，2023.12

ISBN 978-7-5012-6622-7

Ⅰ．①经… Ⅱ．①李… Ⅲ．①管理学－通俗读物 Ⅳ．①C93-49

中国国家版本馆CIP数据核字（2023）第092485号

经典中的管理智慧．（三）
Jingdian Zhong de Guanli Zhihui

作　　者	李柏映
责任编辑	薛　乾　　　特邀编辑　杨　娟
责任出版	李　斌
装帧设计	周周设计局　　内文制作　宁春江
出版发行	世界知识出版社
地　　址	北京市东城区干面胡同51号（100010）
网　　址	www.ishizhi.cn
联系电话	010-65265919
经　　销	新华书店
印　　刷	廊坊市海涛印刷有限公司
开本印张	710×1000 毫米　1/16　11印张
字　　数	107千字
版次印次	2023年12月第一版　2023年12月第一次印刷
标准书号	ISBN 978-7-5012-6622-7
定　　价	98.00元（全三册）

（凡印刷、装订错误可随时向出版社调换。联系电话：010-65265919）

目 录

素书中的管理智慧　　1
01《素书》知多少　　3
　为何要著《素书》　　8
　为何名为《素书》　　10
02 黄石公三试张良　　12
03 管理谏言　　17

止学中的管理智慧　　39
01《止学》知多少　　41
　奇人王通　　46
　"止"是什么意思　　48
02 真正自利是人生的终极挑战　　50
03 关于人生十件大事的深度思考　　53
　一、智之危　　53
　二、势之险　　57
　三、利之害　　60

四、语之患	65
五、名之损	71
六、情之伤	76
七、困之机	80
八、怨之解	85
九、心之和	88
十、德之修	91

了凡四训中的管理智慧　　　　　　　　97

01《了凡四训》知多少	99
02 如何进行员工教育	102
立德，也就是员工教育	102
管理是怎么一回事	103
员工所有问题的核心是人生的问题	105
带领员工觉悟人生	108
什么是正确的人生	111
《了凡四训》学习实操	117
03 "改过三法"在企业管理中的应用	122
"改过三法"是什么	123
"改过三法"之事上改	127
"改过三法"之理上改	130
"改过三法"之心上改	135
04 规避风险的良方：谦德	148

谦德的重要性	148
中华文明里的谦德文化	150
傲慢会带来什么	155
如何规避决策风险	160

素书中的
管理智慧

01《素书》知多少

《素书》相传为秦末黄石公所作，另名《钤经》，又名《玉钤经》。全书130句1360个字，共六章，包括原始章第一、正道章第二、求人之志章第三、本德宗道章第四、遵义章第五和安礼章第六。整部书的内容以五字来贯穿，叫道、德、仁、义、礼。这样是五章，再加上第一章原始章，就形成全书的六章。

原始章第一

夫道、德、仁、义、礼，五者一体也。道者，人之所蹈，使万物不知其所由。德者，人之所得，使万物各得其所欲。仁者，人之所亲，有慈惠恻隐之心，以遂其生成。义者，人之所宜，赏善罚恶，以立功立事。礼者，人之所履，夙兴夜寐，以成人伦之序。夫欲为人之本，不可无一焉。

贤人君子，明于盛衰之道，通乎成败之数，审乎治乱之势，达乎去就之理。故潜居抱道，以待其时。若时至而行，则能极人臣之位；得机而动，则能成绝代之功。如其不遇，没身而已。是以其道足高，而名重于后代。

正道章第二

德足以怀远，信足以一异，义足以得众，才足以鉴古，明足以照下，此人之俊也。

行足以为仪表，智足以决嫌疑，信可以使守约，廉可以使分财，此人之豪也。

守职而不废，处义而不回，见嫌而不苟免，见利而不苟得，此人之杰也。

求人之志章第三

绝嗜禁欲，所以除累。抑非损恶，所以让过。贬酒阙色，所以无污。

避嫌远疑，所以不误。博学切问，所以广知。高行微言，所以修身。

恭俭谦约，所以自守。深计远虑，所以不穷。亲仁友直，所以扶颠。

近恕笃行，所以接人。任材使能，所以济物。殚恶斥谗，所以止乱。

推古验今，所以不惑。先揆后度，所以应卒。设变致权，所以解结。

括囊顺会，所以无咎。橛橛梗梗，所以立功。孜孜淑淑，所以保终。

本德宗道章第四

夫志心笃行之术。长莫长于博谋，安莫安于忍辱，先莫先于修德，乐莫乐于好善，神莫神于至诚，明莫明于体物，吉莫吉于知足，苦莫苦于多愿，悲莫悲于精散，病莫病于无常，短莫短于苟得，幽莫幽于贪鄙，孤莫孤于自恃，危莫危于任疑，败莫败于多私。

遵义章第五

以明示下者暗，有过不知者蔽，迷而不返者惑，以言取怨者祸，令与心乖者废，后令谬前者毁，怒而无威者犯，好众辱人者殃，戮辱所任者危，慢其所敬者凶，貌合心离者孤，亲谗远忠者亡，近色远贤者昏，女谒公行者乱，私人以官者浮，凌下取胜者侵，名不胜实者耗。

略己而责人者不治，自厚而薄人者弃废。以过弃功者损，群下外异者沦，既用不任者疏，行赏吝色者沮。多许少与者怨，既迎而拒者乖。薄施厚望者不报，贵而忘贱者不久。念旧而弃新功者凶，用人不得正者殆，强用人者不畜，为人择官者乱，失其所强者弱，决策于不仁者险，阴计外泄者败，厚敛薄施者涸。

战士贫游士富者衰；货赂公行者昧；闻善忽略，记过不忘者暴；所任不可信，所信不可任者浊。牧人以德者集，绳人以刑者散。小功不赏，则大功不立；小怨不赦，则大怨必生。赏不服人，罚不甘心者叛。赏及无功，罚及无罪者酷。听谗而美，闻谏而仇者亡。能有其有者安，贪人之有者残。

安礼章第六

怨在不舍小过，患在不预定谋。福在积善，祸在积恶。饥在贱农，寒在堕织。安在得人，危在失士。富在迎来，贫在弃时。

上无常操，下多疑心。轻上生罪，侮下无亲。近臣不重，远臣轻之。自疑不信人，自信不疑人。枉士无正友，曲上无直下。危国无贤人，乱政无善人。

爱人深者求贤急，乐得贤者养人厚。国将霸者士皆归，邦将亡者贤先避。地薄者大物不产，水浅者大鱼不游，树秃者大禽不栖，林疏者大兽不居。山峭者崩，泽满者溢。

弃玉取石者盲，羊质虎皮者柔。衣不举领者倒，走不视地者颠。柱弱者屋坏，辅弱者国倾。足寒伤心，人怨伤国。山将崩者下先隳，国将衰者人先弊。根枯枝朽，人困国残。与覆车同轨者倾，与亡国同事者灭。见已生者慎将生，恶其迹者须避之。

畏危者安，畏亡者存。夫人之所行，有道则吉，无道则凶。吉者，百福所归；凶者，百祸所攻。非其神圣，自然所钟。

务善策者无恶事，无远虑者有近忧。同志相得，同仁相忧，同恶相党，同爱相求，同美相妒，同智相谋，同贵相害，同利相忌，同声相应，同气相感，同类相依，同义相亲，同难相济，同道相成，同艺相规，同巧相胜。此乃数之所得，不可与理违。

释己而教人者逆，正己而化人者顺。逆者难从，顺者易行，难从则乱，易行则理。

如此理身、理家、理国，可也！

关于这部书的来历，有一个传奇故事。张良在博浪沙刺杀秦始皇未遂，逃到下邳（今属江苏），遇到一位道家的隐士，叫黄石公，黄石公把《素书》传给了他。张良潜心苦修，后来时机到了，辅佐刘邦开创帝业，成为汉初"三杰"之一。建立大汉之后，张良被封留侯，再后来就修道去了。最后，他把这部书藏在自己的墓中。直到西晋，有人盗墓时发现这部书，才传之于世。学这部经典的人越来越多，遂又被称为"奇书""天书"，等等。

《素书》和企业管理的关系特别密切，用于修身，用于做管理，用于治企，会让人顿悟。另外，这部经典对企业整个盛衰、起变、成败，都说得很有条理、很清晰。

为何要著《素书》

有人会问，黄石公为什么要著《素书》？这部经典的文字优美简练，表达清晰，很多排比句。在2000多年前的秦末，这些文字是怎么写出来的？

《素书》成书在秦末，秦国之前是战国，战国之前是春秋。谈到春秋战国，大家都很熟悉。东周列国礼崩乐坏，天下一片混乱，国与国之间战争不断，所以，这一时期又叫春秋战国时期。终于等来了大秦帝国的出现，统一六国，建立秦王朝，百姓都期待着过上好日子。可是，秦朝虽然建立，但儒家、道家以及诸子百家其他学派所倡导的思想，在大秦并没有实现，百姓的日子更苦了。社会上的有识之士看到国家这个样子，敏锐地嗅到危险将至。而张良刺杀秦始皇并没有成功，逃难到下邳一带。在那个时候，像黄石公这样的隐士高人，就已经预见秦王朝命不久矣。结合历史人物，大家就能发现书中很多内容，皆指向大秦。

大家会发现书中提到很多贬义词——衰、乱、险、危、祸、贫……假如这本书公之于众，秦始皇不敢读，因为几乎已经预示了秦朝的命运。这也是为了警示后人。

关于著述《素书》的背景，大家可以查一下《过秦论》。《过秦论》是秦朝覆灭之后，西汉贾谊所写，总结了秦速亡的历史教训，是一篇见解深刻而又极富艺术感染力的文章。其中，对秦朝有这样两段评价：

秦王怀贪鄙之心，行自奋之智，不信功臣，不亲士民，废王道而立私爱，焚文书而酷刑法，先诈力而后仁义，以暴虐为天下始。夫兼并者高诈力，安危者贵顺权，此言取与守不同术也。秦离战国而王天下，其道不易，其政不改，是其所以取之守之者无异也。孤独而有之，故其亡可立而待也。

秦以区区之地，致万乘之势，序八州而朝同列，百有余年矣；然后以六合为家，崤函为宫；一夫作难而七庙隳，身死人手，为天下笑者，何也？仁义不施而攻守之势异也。

秦朝灭亡是什么原因呢？"仁义不施而攻守之势异也。"大家会发现，一个时代，文化为什么重要？那些有识之士，不管是在秦灭之前，还是秦灭之后，对秦朝的覆灭看得很清楚。所以，在秦灭之前有《素书》，在秦灭之后有《过秦论》。大家结合起来看，对秦朝的衰败会有新的理解。

《素书》是以道家思想为宗旨，集中儒、法、兵各家思想，发挥道的作用及功能，同时，以道、德、仁、义、礼为立身治国的根本，揆度宇宙万事万物自然运化的理数，以此认识事物、对应事物、处理事物，是一部高度智慧之作。

第一章有这样一段话："贤人君子，明于盛衰之道，通乎成败之数，审乎治乱之势，达乎去就之理。故潜居抱道，以待其时。"那些真正贤明的人有什么能力呢？懂得盛衰之道，通晓成败之数，看得清治乱之势，通达去就之理。但是，他并不急于做事，而是"潜居抱道，以待其时"。又能把道弄明白，又有"潜居抱道"的能力。

第六章文末有这样一段话："如此理身、理家、理国，可也。"如果照此去做，修身也好，齐家也好，治国也好，都是可以的。所以，这部经典可以用来修身，可以用来齐家，也可以用来治国。

从开篇看，黄石公写这部书，是因为忧国忧民，而且心怀大愿，希望有志之士能好好学，等时机到了能学以致用。张良没有负其所望，得到这本书，果然是"潜居抱道，以待其时"。后来，张良"运筹于帷幄之中，决胜于千里之外"，和萧何、韩信、陈平等一起辅佐刘邦成就了大汉天下，也圆满了黄石公对他的信任与期望。这就是古人的思维方式。

为何名为《素书》

为什么叫《素书》，目前还没有统一说法。以下是我自己的观点，是通过查阅《中庸》《论语》得到的。《中庸》："君子素其位而行，不愿乎其外。""素其位"，就是君子要回归本位。《论语》："绘事后素。"想画出很好的画，需要什么？要有干净洁白的纸才可开始作画。这两处都有一个"素"字，当什么讲？清净、本来的意思。所谓《素书》，说的是社会本来应该是什么样子。而为什么会乱呢？因为人们乱来，胆大妄行，自以为是，恣意嚣张。所以，《素书》是希望回归。

"素"，又很像《道德经》提出的"无为"。无为不是不做，而是回归，回到万事万物的本来。虽然书中谈了很多方法，但最终想告诉我们的就是遵道而行。

　　社会为什么会乱？因为人们不知道"道"是什么，不知道事物本来的样子是什么，都在自作聪明。秦始皇也是这样，虽然他能一统天下，却不能守住天下，不知道守护天下的真正的道是什么。所以，秦朝二世而亡。这是我对《素书》的"素"字的理解。

02 黄石公三试张良

《黄石公三试张良》，这个故事大家一定听说过，出自《史记·留侯世家》。留侯指的是张良，即张子华。

良尝闲从容步游下邳圯上，有一老父，衣褐，至良所，直堕其履圯下，顾谓良曰："孺子，下取履！"良愕然，欲殴之。为其老，强忍，下取履。父曰："履我！"良业为取履，因长跪履之。父以足受，笑而去。良殊大惊，随目之。父去里所，复还，曰："孺子可教矣。后五日平明，与我会此。"良因怪之，跪曰："诺。"五日平明，良往。父已先在，怒曰："与老人期，后，何也？"去，曰："后五日早会。"五日鸡鸣，良往，父又先在，复怒曰："后，何也？"去，曰："后五日复早来。"五日，良夜未半往。有顷，父亦来，喜曰："当如是。"出一编书，曰："读此则为王者师矣。后十年兴。十三年孺子见我济北，谷城山下黄石即我矣。"遂去,无他言,不复见。旦日,视其书,乃《太公兵法》也。良因异之,常习诵读之。

这段故事,大家看一遍,基本能看明白。我们用白话再简单讲一遍。

张良闲暇时徜徉于下邳桥上。有一个老人,穿着粗布衣裳,走到张良跟前,故意把鞋甩到桥下,看着张良说:"小子,下去把鞋捡上来!"张良有些惊讶,想打他,因为见他年老,勉强忍了下来,下去捡了鞋。老人把脚伸出来,说:"给我把鞋穿上!"既然已经把鞋捡了上来,张良就跪着替他穿上。老人穿上鞋,笑着离开了。张良十分惊讶,目光一直紧随着老人远去的身影。老人走了约有一里路,又返回来,说:"你这个孩子可以教导教导。五天后天刚亮时,跟我在这里相会。"张良觉得这件事很奇怪,跪下来说:"嗯。"五天后的拂晓,张良如约而至,老人已先在那里。老人生气地说:"跟老年人约会,反而后到,为什么呢?"老人离去,并说:"五天以后早早来会面。"五天后鸡一叫,张良就去了,老人又先在那里。老人生气地说:"又来晚了,这是为什么?"老人离去,并说:"五天后再早点儿来。"五天后,张良不到半夜就去了。过了一会儿,老人也来了,高兴地说:"应当像这样才好。"老人拿出一部书,说:"读了这部书,就可以做帝王的老师了,十年后就会发迹。十三年后,小伙子你到济北见我,谷城山下的黄石就是我。"说完便走了,没有别的话留下。从此,张良也没再见到这位老人。天明时,看老人送的书,原来是《太公兵法》。张良觉得这部书非同寻常，经常学习、诵读。

关于这个故事，很多人提出疑问："怎么是《太公兵法》呢？不是《素书》吗？"后来经考证，此书应该是《素书》。为什么这么说？因为在那个时代，中国的书还是竹简，《太公兵法》有一万多字，如果老人送他一部《太公兵法》，只能用车来拉。根据文章内容来看，应该是《素书》，只是记载中说的是《太公兵法》。也有人说，这个老人叫太史公，但此人已经过世很多年，后人也不知道他的真实姓名，所以就叫他黄石公。大致就是这样。

这个故事很有意思，也很有道理。一个老人，一个年轻人。老人把鞋丢到桥下，跟年轻人说，给我捡上来，给我穿上；年轻人忍了忍气，给他捡上来并穿上。老人觉得这年轻人还不错，约定五天后见面。五天后，年轻人来晚了；再过五天，又来晚了；到最后一个五天，提前到来。真是感觉这年轻人不错，所以老人把书送给了他。就讲了这么一个故事，记载得很详细，写在《史记》当中。

太史公写《史记》，处处字斟句酌，惜字如金，不乱说，也不轻易开玩笑。讲这个故事，到底告诉我们什么道理呢？我认为是"弃之以形观其志"。这部书很重要，可以做帝王之学，也可以用来安天下治国家。这样的书，如果传给一个没有理想的人，有用吗？没用。即使得到了，也发挥不出作用。

上乘的大道，要传于有志之人。如果一个人没有志向，即使教给他，他也学不明白，也不会用。那怎么看一个人有没有志向呢？可以通过一些测试。首先，看他对人有没有礼貌；其次，看他对一件事肯不肯付出，有没有求道之心。

故事中，年轻人对这位老人挺有礼貌，对这件事也很感兴趣。他能看出这位老人是一位高人，所以愿意一次又一次按照老人说的去做，直到最后得到点化。这是一般人做不到的。一般人没有这样的追求，即使有人提醒、暗示、点化，他也会置若罔闻。老人反复试探年轻人干什么？试一试他能不能听懂自己的话。如果能，就教他；如果不能，就算了，再去找下一个人。

我们经常说缺少明师指点，实际上，可能是我们胸无大志，即使偶遇明师也不能把握机会。可能黄石公之前遇到很多年轻人，也都测试过，最后纷纷失败。很大程度上说，世间不是缺好老师，而是缺值得栽培的年轻人。

有人可能会说我有志向，非常有志向。那先不谈志向问题，拿几件事来考验一下，看看能不能做到。君子重诺，如果连诺言都不能坚守，怎敢说有志向呢？君子知礼，连谦卑之礼都不能守，又怎敢说有志向呢？君子有眼力，连一个老人的思想高度都判断不出来，怎敢说有志向呢？

所以，故事中这两个人物真的很精彩，可谓高手相遇。张良是可造青年，黄石公是得道高人。太史公也是高人，特意把这样一个故事轻描淡写地记录下来，让后人去看、去猜。而许多人只是把它当作茶余饭后的笑料，仅仅感到好玩而已，没有其他了。

古今能成大事者，皆是有志之人；古今能成大事者，皆是敢于求道、问道之人，以小见大。这样的书，如果不是有志向的人，拿到手也学不明白。后人在《素书》序言中讲:"(这样的书)不许传于不道、不神、不圣、不贤之人。"就是说,《素书》不适合传给没有志向的人。因为它讲的是如何智慧做事,如何将事达成。

当代的一些年轻人学知识很厉害,学专业一般,学做事很少。很少有年轻人接受过系统的做事训练,也几乎没有读过多少学做事的经典。如果你想学做事,像这样的书可以拿来当教材。同时,也建议各位董事长、总裁,这样的经典应该多读,最好熟读,甚至背诵,这是很有好处的。它能教你如何做事,但前提是,你是一个有志向的人。如果没有志向,面对面也难相识。

03 管理谏言

我们从《素书》中选了27条谏言,可以说对应的是管理中27种常见的问题。

以明示下者暗,有过不知者蔽。

"以明示下者暗",这句话不太好理解,什么意思呢?如果你是领导者,你很高明,但是在给下属指示的时候,也要分时间,分火候。如果把你那些高明处全教给下属,下属可能也听不懂。所以,你心中所想的,多少能讲,多少不能讲,一定要把握好。否则,就是"以明示下者暗"。"暗"当什么讲?就是底下人接不到,无法领悟。

"有过不知者蔽",明明有过错却不自知。这个"蔽"是蒙蔽、遮蔽,自我蒙蔽,还受人蒙蔽。你自己有过错,但下属都不告诉你,都吹捧你、赞美你，甚至有人提醒你的时候，你的下属却说他们说的是错的。你被蒙蔽，因为你好大喜功。你带着这些过错继续做事，怎能没有风险呢？

迷而不返者惑，以言取怨者祸。

"迷而不返者惑"，迷途却不知返的人，则是神志惑乱，最终会导致深度的危险混乱。比如说，一个人爱上了手机网络游戏，很多人都有过这种经历，打游戏打到天亮，觉得好累呀，没意思，以后再也不打了，这叫迷途知返。"迷途知返"没问题，怕的是"迷而不返"。到国外去赌博，赌一次不行赌数次，最终倾家荡产。

"以言取怨者祸"，言语不注意，惹来别人的抱怨、埋怨乃至怨恨，久而久之，就会招来祸患。用今天的话说，就是嘴碎、嘴贱。现在有些年轻人说话不经思考，张口就来，特别是在网络上，像朋友圈、微博，说话肆无忌惮，从不考虑自己说的话会给别人带来什么感受。如此形成习惯，到单位跟领导、同事说话，也从不考虑别人的感受。

令与心乖者废，后令谬前者毁。

"令与心乖者废"，如果不能引导人的思想，甚至让人的思想偏离，那么政令早晚会被废除。"乖"在古代当什么讲？伦常乖舛，

"乖"就是偏离，不正确、错误、矛盾的意思。在企业中完全不考虑员工怎么想，不考虑他们的感受，制度即使推，也推不动。这就是不知道民心所向，只有制度，不看人心了。

"后令谬前者毁"，意思是定立一个制度，发现不对，开始更改，自我推翻，前后不一。几次下来，领导者会失去下属的信任，最终走向失败。朝令夕改，甚至朝令朝改，下属无所适从，这样的组织会走向灭亡。这告诉我们什么呢？第一，领导者定立制度要考虑人心；第二，制度要有持久性，在定立制度时一定要慎重，不能草率或随意下发。

怒而无威者犯，好众辱人者殃。

"怒而无威者犯"，喜欢发脾气，可是并没有人惧怕，没有什么威望，则会招来别人的侵犯与伤害。举个例子，一个12岁的孩子，脾气非常大，在街头发怒打人，可是大人却不怕他，他敢打大人，大人就打他，最终呢？被人打伤了。所以，发怒也要分身份、分德行，没有高德行，没有高威望，别人是不会怕的。若还拍桌子，只会惹人嘲笑，甚至来气你。管理者更是这样，不要老靠着发脾气去管下属，"声色之于以化民，末也"。

"好众辱人者殃"，喜欢当众侮辱他人，一定会有灾难。本来侮辱他人就是一件很不好的事，而又当众侮辱，此人则会怀恨在心，会恨一辈子，将来会想办法进行报复。这是管理者的大忌。所以，即使员工犯了错误,也要"规过于密室"。要在小屋里单独批评,还要先长善。当众侮辱别人,将来自己也不会好过。

戮辱所任者危,慢其所敬者凶。

"戮辱所任者危",那些大将、核心骨干,一定要好好任用,不能随意蹂躏、侮辱;不然,自己也会有危险。

"慢其所敬者凶",对那些本应尊敬的人却很傲慢、很狂妄,容易招致不幸。比如说,董事长本来是大家都尊敬的人,你非要跟董事长开一个不该开的玩笑,玩大了。下一次公司培养人员名单里没有你,为什么?没有智慧,不懂分寸,说话没数,不知道尊敬别人,尤其不知道尊敬那些应该尊敬的人。"凶"是什么意思?很多机会失去了,你的发展没有了。

所以,不管是对上还是对下,一定要掌握好分寸。对下,自己的核心骨干团队,不能侮辱他们;对上,那些众人所拥戴的人,更要尊敬。否则,很难在职场过得好。

貌合心离者孤,亲谗远忠者亡。

"貌合心离",表面上和谁关系都很好,实际上心怀异志,内心和谁都不愿意往来,都不能交心。这样的人,会越来越孤独,整个公司都没个伙伴,只能是孤家寡人。董事会内部彼此也不信任,高层之间不能同心同德，看似高明，可是这个团队已经散了——"貌合心离"。

"亲谗远忠者亡"，总是亲近那些经常出谗言的不正之臣，而远离那些忠良之人，则会走向灭亡。当你想做决策、想用人时，应该用哪些人？能不能分清谁是忠臣、谁是谗言者？如果分不清，作为领导者，该有多危险！不要老是任用那些说好话的人，他们固然让你很舒服，但未必能帮你做大事。

近色远贤者昏，女谒公行者乱。

亲近女色，疏远贤人，则是昏聩目盲。女子干涉大政，则会有动乱。

"近色远贤者昏"，这就是一个昏君，是不称职的领导。

"女谒公行者乱"，"女谒"泛指通过有权势的女子干求、请托；"公行"，指公共之行为法则，即"政"之意。

这告诉我们什么呢？董事长要用贤人，不要沾染女色；同时，要管好自己的家属，不要让其干涉内政，不然会影响整个企业发展。历史上这样的教训不胜枚举。

私人以官者浮，凌下取胜者侵，名不胜实者耗。

随便将官职到处乱送，管理就会出现乱相。欺凌下属而获得胜利的，自己也会受到下属的侵犯。所享受的名声超过自己的实际才能，即使耗尽精力也处理不好事务。

"私人以官者浮"，"浮"就是浅浮、浅薄、混乱、浮躁。官本来是干什么用的？是委以重任，是把守重要岗位的，结果把官变成互相赠送的礼品了。送你一个车间主任，送他一个营销经理，企业就"浮"了，就容易动摇。

"凌下取胜者侵"，管理者欺凌下属，认为自己当官了，有生杀大权了，想开除谁就开除谁，想收拾谁就收拾谁，一副盛气凌人的样子，好像自己就是胜利者。其实，早晚有一天，下属会把这样的管理者给轰下来。公司给你这个岗位和权力，不是让你"凌下取胜"的，不是让你欺压下属的。

"名不胜实者耗"，"名不胜实"是什么意思？你所享受的声名，和你实际的才能根本就不一致，才能还达不到。这会怎么样？即使耗尽精力，也干不好这个管理岗位。

所以，"私人以官，凌下取胜，名不胜实"这十二个字，是管理者的大忌。比如，晚上出去吃顿饭，下次公司安排提拔科长，先提拔你，这就是"私人以官"；我是部门老大，只要来到这部门，都得听我的，谁敢违逆我，我就收拾谁，这就是"凌下取胜"；公司给你安排了年度业绩，你干不出来，只会吹，结果累得够呛，这就是"名不胜实"。这些都是管理上的大忌。

略己而责人者不治，自厚而薄人者弃废。

"略己而责人者不治"，这是管理者更要小心的。"略己"，对自己总是轻略、放纵，要求很低，而对别人求全责备，怎能当好管理者呢？这样就会出现"不治"，底下人不会听你的，你也没有威望可言。

"自厚而薄人者弃废"，对自己很优厚，而对别人却很刻薄吝啬。年底分奖金，当部门老大所拿到的高出别人三五倍都不止。"厚己薄人"的管理，最终会被遗弃，不可能成功。

"略己责人，自厚薄人"，这是管理的两种坏现象。遇到问题时，对自己总是网开一面，对下属总是责备；等到有好处拿了，"我"先来，"我"多得，员工没有。这样的企业，怎能团结呢？河南许昌胖东来，企业把每年收益的95%全都分给员工，厚待员工，所以，员工非常团结，非常友爱。

以过弃功者损，群下外异者沦。

"以过弃功"，别人会说，干起来真没意思，不管怎么努力，犯一点错误都不行。因为犯了一个小过失，就对他的那些大功劳只字不提，这样就会失掉人心。比如，马上到月底了，你让员工冲业绩，员工干得汗流浃背，一起努力，终于把业绩冲上去了。结果，业绩往公司财务提报晚了，财务没有把业绩加上去。第二天，公司表彰时业绩差了一些，你就大发雷霆，全然不顾员工为了这个业绩辛苦奋斗了一个月。就这么点儿过失，你就反复说个不停，再大的功劳一点儿也不讲，拿着一点儿过错不肯放过，这就极大失了人心。

"以过弃功"这一错误，进而会导致"群下外异者沦"。"群下"是指你的下属，你的下级；"外异"是指有了逃离之心，也就是有了异心，想离开公司的心。员工有了想离开公司的心，整个团队面临离散，就要出问题了。你不仅没有关注人心，还在那儿吓唬人："今天不好好工作，明天让你们努力找工作。"员工却说："谢谢你，我们工作都快找好了，就差告诉你一声了。"员工的心都动摇了，你还不知道，这管理者怎么当的？

既用不任者疏，行赏吝色者沮。

"既用不任者疏"，我们说用人不疑，疑人不用，如果你怀疑他，一定先考察好了再任用。既然用了，就得支持他、信任他。越信任，他才会干得越好。你都已经把他推上重要岗位了，却又不信任他，你们彼此的关系肯定疏远。就好比你的研发部经理下个月要研发新产品，而你却跟他说："你是我临时任用的新经理，主要是来搞研发的，真不好意思，公司没人可用了，不得不用你。其实对你，我心里还是很怀疑的，不知道你下个月能不能干好，你就勉强干吧，如果干不好再把你撤下来。"真要这么说话，他能干好吗？

"行赏吝色者沮"，人家把功劳干出来了，到论功行赏时，你不仅很吝啬，而且还形于颜色，给人脸色看，不鼓励人，不给人欢喜，人家感到活儿白干了，很是沮丧。"沮"，就是沮丧的意思。

多许少与者怨，既迎而拒者乖。

"多许少与者怨"，说的是你在和员工、下属的往来过程中，一开始许下的承诺，到最后根本没兑现或兑现很少。譬如，年初跟老员工说，大家好好干，到年底每个人给10%的股份，公司都是大家的。可到年底的时候，直接不提了，最后员工反复问起，才说股份一人2%。员工一看，原来你不信守承诺，内心就会产生怨恨。

"既迎而拒者乖"，费尽心思把人挖来，并热情地迎进公司，可到了公司又不待见、不加重用，甚至排斥拒绝，最终这些人的心会和公司疏远，乃至离开。当初那么竭诚欢迎人家，现在又不好好任用，这都是反复无常的小人。

薄施厚望者不报，贵而忘贱者不久。

这里讲的是与同事、客户相处。"薄施厚望者不报"，没有给予别人什么好处，或给予了极少的好处，却希望得到别人的帮助，见面就想算计、求人，最终会大失所望，因为任何人心里都有杆秤。很多人与人见面就加微信，不是很熟悉就想求人。求人之前给点儿好处，拿二斤月饼送过去，然后跟人家谈一件大事，把人家吓一跳。

弄得人很是为难，答应还是不答应呢？不答应，你很磨叽，苦苦哀求；答应了，这不就是被算计了吗？所以，别人最终会找个理由拒绝你。"不报"，什么意思？就是会让你失望。为什么失望？因为你"薄施厚望"，做得太少，求得太多。

"贵而忘贱者不久"，一个人富贵之后，忘却了自己贫贱时的样子，这也叫得意忘形。终于富贵了，开始奢侈、轻浮、傲慢，再也过不了简朴的生活，再也不能踏踏实实的了，那怎能持久呢？所以，看一个员工、一个管理者涨了工资或升了职位之后的状态，就能知道这个人将来能不能委以重任。书中说："子系中山狼，得志便猖狂。"得志便猖狂者，皆无大志也。得志就猖狂的人，得意就忘形的人，都是没有大志向的人。说话威风八面、盛气凌人，都是"不久"之相，这样的人不可重用。同时，我们也要以此来自我对照，不断内省。

念旧而弃新功者凶，用人不得正者殆。

"念旧而弃新功者凶"，总说别人过去的过失，甚至新立的大功都不能给予表彰，别人内心就不愿意和你合作。老话说，"勿以小嫌疏至亲，勿以新怨忘旧恩"，道理是一样的。别人在你面前犯了一次错误，你每每提起，以此来捉弄别人寻求快乐，哪怕别人都成长了，立了新功，你还不忘。这么下去，谁愿意和你一起工作？就像你到车间巡查，车间主任说："老板，告诉你一个好消息，这个月咱们产品合格率98.7%,已经大大提升了,接近圆满了,多好啊!"你撇撇嘴说:"这有啥,去年还60%,我可没忘。我见着你们说一回,见着你们说一回,就60%,记没记住?还说98%!"别人犯点儿错误,你能说无数次。

"人非圣贤,孰能无过?"谁不会犯错误?员工犯了错误,知道就行了,不能老提。员工已经立了新功,为什么不讲?为什么不去鼓励?这么做,适合当管理者吗?若一直这样,团队必定维持不了多久,所以叫"凶"。

"用人不得正者殆",不用正人君子,却用小人,用奸佞之人,好像一时能帮个小忙,取得几个小业绩,但将来会出大问题。"殆",指会有大风险。如果用了善良正直的人,即使这次工作可能没有做得很突出、很到位,但以后会越来越好,至少不会误事。用小人,这个月帮企业赚了50万,下个月可能就会亏300万。

我身边有很多朋友,因为用人不当吃了很多亏。当初用人的时候不细心观察人品,只是看他夸夸其谈,有一两项技能,三两个资源,就随意任用了。等损害他利益的时候,他就会告你、整你、骂你,甚至到处污蔑你,弄得你焦头烂额。这能怨谁呢?只能怨自己啊。所以,用人是大事,要特别注意。员工到了你的旗下,有过错,过去的就过去了;有功劳,多宣扬。同时,一定要谨记:无德者坚决不用,有德者小才小用,大才大用。这也是用人的标准。

강用人者不畜，为人择官者乱。

"强用人者不畜"，这个人本来就不是你的，人家也不想为你做事，你非勉强，到最后这个人留不住。"不畜"，就是留不住。这个时候要顺其愿，跟他好好商量才行。

"为人择官者乱"，讲的是在企业管理中，是以人找岗位，还是以岗位找人？以岗位找人。不能因为彼此是好朋友，就随意为其安排一个好位置。人力总监年薪高，你就当人力总监吧。能这样思考问题吗？这叫"为人择官"，必然引起很多混乱。哪个岗位好，就把好朋友派去；哪个岗位挣钱多，就把给你送礼的人派去，完全不考虑这个岗位需要什么人。所以，先看人还是先看岗位？先看岗位。"为人择官"，因为这个人而设这个岗，因为那个人而安排那个官，无法摆脱人情纠结，管理就乱了。

不知道企业家们在用人的时候犯没犯过这样的错误，因为人情而去用人。公司本来不需要那么多副总，有三四位就够了，结果你有七八个兄弟，每人都挂一个副总，面子是有了，企业还能运转得了吗？这不是过家家，而是办一个正规企业。朋友之间可以互相帮忙，但要记住，不要拿岗位送人情，这样会乱的。

失其所强者弱，决策于不仁者险。

"失其所强者弱"，什么叫"所强者"？就是你本应具备、本应担当的。说大学生到了社会会弱,为什么会弱?弱在哪里?弱在"失其所强",应该会的你不会,应该能的你不能,这不就是弱吗?譬如,你是一位老师,你的专业是教书育人,你若失去教书育人的能力,就是弱者。弱者任人摆布,哪天一改革就会先被淘汰。所以,在任何岗位都要思考:我的专业是什么?我的岗位需求是什么?我必须擅长什么才能成为组织中的强者?

"决策于不仁者险",在做重大决策时,向那些不仁厚的人咨询、求教、商量,会有重大风险。什么叫不仁厚的人?心里没有他人的人,自私的人。譬如说,为了更好地与客户互动往来,想下个月给客户抢交货期。如果要抢的话,员工就得加班;如果加班,就得给加班费,怎么办呢?这时,你问一个副总:"咱们下个月是通过给员工加班费抢交货期呢,还是不抢?"副总说:"哎呀,那加班费可不能给,一给财务可受不了。"这句话背后是什么意思?没有为他人着想,只想着自己,这叫不仁。你一听,很有道理,不能给加班费,宁可延期交货。这是要不得的,因为财务受不了,就延期交货;延期交货,客户肯定不高兴;客户不高兴,可能就会诉讼,也就没有下次往来了。所以,你省了加班费,丢了长期的大客户。也就是说,不懂得为他人考虑的人,在做决策时往往落入自我思维,落入自我思维的人,就没法作出精准决策。

同样,一个学校的校长在做决策时,要和老师们商量。如果这个老师非常有爱心,心里爱孩子,你跟他一商量,就能作出精准决策;如果这个老师很自私,心里不爱孩子,那他提供给你的方法策略也会是很自私的，这时候决策就会出风险。大家注意这个逻辑关系，不仁者惯于自我思维，决策会有风险。而更大的风险是，你决策时老去问这些人。

所以，不要向自我意识很强大的人去问决策，他的思维总在自己的世界里出不来，很容易出问题，这叫"决策于不仁者险"。要向哪些人求教呢？能够做到综合考虑的，能够考虑各方利益的，总是为他人着想的，和这样的人商量。中国文化讲"仁智勇"，不仁者无智。智慧不够，怎能作出好的决策？智慧是什么？是共赢、共存、共生。老想着自己，怎么会有智慧呢？就这么一个简单道理。

阴计外泄者败，厚敛薄施者凋。

"阴计外泄者败"，这个计划本来就不对，是一个坏计划，秘密谋划的事情，偏偏又泄露出去，则会失败。

"厚敛薄施者凋"，横征暴敛，却薄施寡恩，没有施惠于民，没有给百姓关怀与照顾，国家就会慢慢走向衰落。

战士贫游士富者衰；货赂公行者昧。

"战士贫游士富者衰"，奋勇征战的将士生活贫穷，鼓舌摇唇的游士安享富贵，国势则会衰落。就像一个企业，创造业绩的人拿不到高收入，整天发表一些没用观点的人净挣高工资，这样的企业长久不了。这告诉我们，企业的薪资待遇向哪边倾斜？向有功者倾斜，向担当者倾斜，向有为者倾斜。否则，企业的分配制度会乱套。

"货赂公行者昧"，贿赂政府官员，管理则会十分混乱。就像下个月公司要调整干部，人事部经理大权在握，有人就去给他送礼，谁送得多，谁先提拔，这不乱套了吗？提拔干部，变成人事部收礼了。公司要设立采购部经理，那是一个肥差，谁来当？都想当。所以，纷纷去找公司老总："我想当采购部经理。"老总问："为啥？"回答："我能多收入不少。"老总说："行，你要当，先给我送两万块钱。"这样的公司还能好吗？这叫"货赂公行者昧"，注定好不了，因为违背了管理的基本原则。

公司公司，何谓"公"？集体、大家为公；何谓"司"？各司其职为司。大家的利益绑在一起，各司其职，这叫公司。不能"公"了，企业则会走向衰亡。

闻善忽略，记过不忘者暴。

"闻善忽略"，这说得很明白，员工辛辛苦苦加班做事，你都不关注、不重视。

"记过不忘者暴"，员工犯点小错误就耿耿于怀，就三番五次反复提，这样的作风不好。我们应该好好反思：这个月对员工批评得多还是表扬得多？他们做得好的地方，有没有及时表扬？有没有及时肯定？他们那些过错，有没有适时地忘记？

所任不可信，所信不可任者浊。

任用的人不堪信任，信任的人又不能胜任其职，这样的管理会很混乱。这是提醒我们做管理的，要任用那些能担当要职的人，而不只是你信任的人。要德才堪配其位，而不是凭借个人的好恶去评聘干部。

牧人以德者集，绳人以刑者散。

依靠道德的力量来治理人民，人民就会团结；若一味地依靠刑法来维持统治，人民就将离散而去。

不管是管理企业还是管理国家，都是如此。秦朝"绳人以刑"，很快就出现陈胜、吴广起义，出现了项羽、刘邦，这是必然的。秦始皇没有想到自己的过错有这么大。他在走"绳人以刑"的路线，而不是走"牧人以德"的路线。今天做企业的我们，在用什么方法？"绳人以刑"的方法好用吗？员工会听你的吗？

小功不赏，则大功不立。

小的功劳不奖赏，便不会建立大功劳。员工立了功劳，不及时奖赏，更大的功劳就没动力做了。为什么？不想做，没意思。所以，企业讲究赏罚分明，员工有了小功也马上要赏，赏小功可立大功。

企业管理，一定要适时激励员工，保证他们持续成长。

小怨不赦，则大怨必生。

小的怨恨不消除，大的怨恨便会产生。内心有小矛盾没有及时化解、沟通，久而久之，情绪越积越多，最后彻底爆发——"大怨必生"。

治理企业、治理国家也是这样。"小怨"要立刻解除，就像我们的身体一样，小病不治会成大病。夫妻相处也是一样，小矛盾不及时化解，就会产生大矛盾。

这些话看着很简单，其实都是管理的实战教学。未来如果想做团队、带员工，这些方法要切记，要知道管理问题是怎么形成的，为什么会生出大怨？为什么员工不肯往前冲，不肯立大功？因为"小功不赏""小怨不赦"。

赏不服人，罚不甘心者叛。

奖赏不能服人，处罚不能让人甘心，则会引起叛乱。

不该赏的人赏了，不该罚的人罚了，管理就要乱了，要出问题了。社会走向崩乱，是有原因的。没有关注这些小细节，说到底是什么呢？没有关注人心。

> 赏及无功，罚及无罪者酷。

赏及无功之人，罚及无罪之人，就是所谓的残酷。

这人没有功劳，你却要奖赏；那人没有罪过，你还要处罚，这就太残忍了。没有功劳不要奖赏，没有罪过不要处罚，要赏罚分明。

秦朝有"连坐制度"，比如这批人一起到某地去做劳役，途中遇到大雨，不能准时到达，集体要受到重罚。若有一人逃跑，其他人同样是要被问责的。秦始皇很相信这些方法，以为用这些方法就能起到震慑作用，就能把国家治理好。事实证明，没用。

而儒家、道家重在教化。汉初很多臣子是学儒、学道的。汉朝的"文景之治"，所用的方法就是"内求黄老之术，外用儒家之法，行教化于天下"，注重休养生息。"文景之治"后，整个汉朝经济逐步提升，这跟其治国思想有关，他们一直在反思、总结秦朝那些错误。

> 听谀而美，闻谏而仇者亡。

这句话对于管理者就更加重要了。听到别人的赞美，就十分高兴，哪怕这些话都不靠谱，也很愿意听。听到别人的劝谏呢？不仅不愿意听，还心生怨恨。这样的企业，怎能不走向灭亡呢？正如《弟子规》所说："闻过怒，闻誉乐，损友来，益友却。闻誉恐，闻过欣，直谅士，渐相亲。"

总之，"听谗而美，闻谏而仇者"是自取灭亡，这样的人不适合当管理者。一个企业在发展中怎能没有问题呢？管理者不是圣贤，怎能没有过失呢？有过而不知，有过而不肯思，作为决策者和管理者，你的企业往哪里走呢？

能有其有者安，贪人之有者残。

"能有其有者安"，让那些本来就该拥有财富的底层百姓安居乐业，藏富于民，以百姓的富有作为本身的富有，社会就会安定。过去有句话叫"上下交征利，而国危矣"，跟民争利，把老百姓的钱都拿走了，国家就危险了。

"贪人之有者残"，欲壑难填，总是贪求别人所有的，则会残民以逞。总是希望把员工的钱都变成自己的，把百姓的钱都变成自己的，这样是残暴、残忍的。所以，治理国家要让百姓富有，而不是与民争利、与民夺利。

☆　　　☆　　　☆

最后，借用书末的一段话送给大家，这段话后来也成为我们中国文化的一个核心："释己而教人者逆，正己而化人者顺。逆者难从，顺者易行，难从则乱，易行则理。"这段话可以作为管理的核心秘密。

国家也好，企业也好，怎么治理？四个字："正己化人"。书中

35

首先论证说"释己而教人者逆","释"当宽容、放纵讲。不严格要求自己,却想去教化别人,别人怎能听你的呢?"其身不正,虽令不从",你自己都没有做到,别人就不愿意接受。

"正己而化人者顺",如果能够严格要求自己,进而去教化、感化别人,别人就会听从、服从、顺从。如果员工心里对你有逆反,不尊敬你,"逆者难从",你给他们安排工作,他们不愿意听你的。"顺者易行",如果员工内心对你很尊敬,特别愿意听你的,你再安排工作,就容易推进。

"难从则乱,易行则理",如果员工都不愿意听你的,你的管理将会出现混乱;如果员工非常尊敬、信任你,整个公司办事效率会非常高,企业会得到很好的治理。

所以,这段话说完,书中结语道:"如此理身、理家、理国,可也。"如果能这样做,那么,修身、齐家、治国就都没问题。

如果一条一条对应,就会发现很多条可能对你的企业有帮助。有些现象在很多企业已经发生了,有人说企业不好管,为什么难管?这是有前因后果的。因为前面犯了错误,导致后面这种乱,是事出有因的。当时,那些高人隐士看到了国家治理中的问题,只是朝廷不愿意倾听,所以,这些书只能在民间流传,眼看着秦朝一步一步走向败落,很无奈。

今天中国为什么这么强大?我们的领导人善于总结历史的经验,读了很多历史典籍,在很多讲话中都援引了经典语录。这部《素书》里的话就被引用过。用它来治理企业、治理社会,道理是一样的,值得我们管理者和领导干部去学习和运用。

"高而不危,所以长守贵也;满而不溢,所以长守富也。"浩如烟海的中华文化典籍,凝结着民族的智慧,是一笔宝贵的精神财富。典籍不能只活在图书馆里,不能只存在于学者的论述中,一定要活在我们每个人的心中,显露于我们每个人的行中。我们跨越时空,以新的方式读懂典籍,在文化传承中汲取管理智慧,走向未来。

止学中的
管理智慧

01《止学》知多少

《止学》作者王通,号文中子,隋代大儒。这部经典一共十卷,分为智卷一、用势卷二、利卷三、辩卷四、誉卷五、情卷六、蹇卷七、释怨卷八、心卷九、修身卷十。文字量不大,篇幅也不长。

关于作者王通,后面会介绍。大家如果去过曲阜,就会在圣人两边的供奉里,看到王通的名字。很多朋友可能急于了解《止学》,现在先把这部经典的内容过一遍。

智卷一

智极则愚也。圣人不患智寡,患德之有失焉。

才高非智,智者弗显也。位尊实危,智者不就也。大智知止,小智惟谋,智有穷而道无尽哉。

谋人者成于智,亦丧于智也。谋身者恃其智,亦舍其智也。智有所缺,深存其敌,慎之少祸焉。

智不及而谋大者毁，智无竭而谋远者逆。智者言智，愚者言愚，以愚饰智，以智止智，智也。

用势卷二

势无常也，仁者勿恃。势伏凶也，仁者勿矜。

势莫加君子，德休与小人。君子势不于力也，力尽而势亡焉。小人势不惠人也，趋之必祸焉。

众成其势，一人堪毁。强者凌弱，人怨乃弃。势极无让者疑，位尊弗恭者忌。

势或失之，名或谤之，少怨者再得也。势固灭之，人固死之，无骄者惠嗣焉。

利卷三

惑人者无逾利也。利无求弗获，德无施不积。

众逐利而富寡，贤让功而名高。利大伤身，利小惠人，择之宜慎也。天贵于时，人贵于明，动之有戒也。

众见其利者，非利也。众见其害者，或利也。君子重义轻利，小人嗜利远信，利御小人而莫御君子矣。

利无尽处，命有尽时，不怠可焉。利无独据，运有兴衰，存畏警焉。

辩卷四

物朴乃存，器工招损。言拙意隐，辞尽锋出。

识不逾人者，莫言断也。势不及人者，休言讳也。力不胜人者，勿言强也。

王者不辩，辩则少威焉。智者讷言，讷则惑敌焉。勇者无语，语则怯行焉。

忠臣不表其功，窃功者必奸也。君子堪隐人恶，谤贤者固小人也矣。

誉卷五

好誉者多辱也。誉满主惊，名高众之所忌焉。

誉存其伪，谄者以誉欺人。名不由己，明者言不自赞。贪巧之功，天不佑也。

赏名勿轻，轻则誉贱，誉贱则无功也。受誉知辞，辞则德显，显则释疑也。上下无争，誉之不废焉。

人无誉堪存，誉非正当灭。求誉不得，或为福也。

情卷六

情滥无行，欲多失矩。其色如一，鬼神莫测。

上无度失威，下无忍莫立。上下知离，其位自安。君臣殊密，其臣自殃。小人之荣，情不可攀也。

情存疏也，近不过已，智者无痴焉。情难追也，逝者不返，明者无悔焉。

多情者多艰，寡情者少艰。情之不敛，运无幸耳。

蹇卷七

人困乃正，命顺乃奇。以正化奇，止为枢也。

事变非智勿晓，事本非止勿存。天灾示警，逆之必亡；人祸告诫，省之固益。躁生百端，困出妄念，非止莫阻害之蔓焉。

视己勿重者重，视人为轻者轻。患以心生，以蹇为乐，蹇不为蹇矣。

穷不言富，贱不趋贵。忍辱为重，不怒为尊。蹇非敌也，敌乃乱焉。

释怨卷八

世之不公，人怨难止。穷富为仇，弥祸不消。

君子不念旧恶，旧恶害德也。小人存隙必报，必报自毁也。和而弗争，谋之首也。

名不正而谤兴，正名者必自屈也焉。惑不解而恨重，释惑者固自罪焉。私念不生，仇怨不结焉。

宽不足以悦人，严堪补也。敬无助于劝善，诤堪教矣。

心卷九

欲无止也，其心堪制。惑无尽也，其行乃解。

不求于人，其尊弗伤。无嗜之病，其身靡失。自弃者人莫救也。

苦乐无形，成于心焉。荣辱存异，贤者同焉。事之未济，志之非达，心无怨而忧患弗加矣。

仁者好礼，不欺其心也。智者示愚，不显其心哉。

修身卷十

服人者德也。德之不修，其才必曲，其人非善矣。

纳言无失，不辍亡废。小处容疵，大节堪毁。敬人敬心，德之厚也。

诚非致虚，君子不行诡道。祸由己生，小人难于胜己。谤言无惧，强者不纵，堪验其德焉。

不察其德，非识人也。识而勿用，非大德也。

以上就是《止学》这部书的全文。1200多字，40句，十卷，文章不算长，读起来朗朗上口。因为是隋代经典，所以意思还是比较容易明白的。

奇人王通

《止学》作者王通，是很难得的一个人。王通，字仲淹，谥号文中子，隋朝河东郡人，教育家和思想家。19岁时考中举人，后来因为不愿意做官，辞官回家，九年著成《续六经》（亦称《王氏六经》），包括《续诗》《续书》《礼论》《乐经》《易赞》《元经》等，共80卷。这些书是他20多岁时写的。王通就活了33岁，可在他短暂的生命中，就已经把《六经》续完了。续完之后名声大噪，求学者自远而至，盛况空前，时称"河汾门下"。

王通为什么要撰写《续六经》呢？这里有段历史。儒学在汉朝很兴盛，但汉朝之后，因为儒学中夹杂了很多伪道学，儒学被摒弃，所以出现了魏晋玄学。到了南北朝，宋齐梁陈时代，天下大乱，直到北朝时期佛法兴盛。佛法从东汉末年传到中土，北朝的几个皇帝，像前秦后秦的皇帝，都笃信佛教。然后直到隋朝，天下才得以统一，中国结束了战乱，儒释道三家文化都已形成。这个时候，佛教作为外来文化很兴盛，像隋文帝就笃信佛教，儒家反倒衰微了。所以，王通站出来为儒家续"六经"。这件事情非常重要，因为有他续"六经"，才使得儒学在盛唐和宋朝再次兴起，直至出现宋明理学。可以说，他是宋明理学之前，再度开启儒学的一个重要人物。

王通续"六经"之后，就开始收学生、交朋友。他的学生很多，像薛收、温彦博、杜淹等，他的友人也很多，像房玄龄、魏徵、王珪、杜如晦、李靖、陈叔达等，都是隋唐之际历史舞台上的重要角色。

他们当中有的跻身后来的"唐十八学士"之列,像薛收、房玄龄、杜如晦。房玄龄、杜如晦也就是后来我们说的"房谋杜断","房谋"是指房玄龄多谋,"杜断"是指杜如晦善断。这两个人很厉害,是唐朝两大宰相。

后来唐太宗封赏的时候,在凌烟阁为二十四功臣画像,这个大家都听说过。"请君暂上凌烟阁,若个书生万户侯。"二十四功臣当中,有四位都是王通的学生或朋友,他们是房玄龄、杜如晦、魏徵和李靖。后来还有六位成为宰相,他们是温彦博、杜淹、房玄龄、魏徵、王珪、杜如晦。历史上的"贞观之治",大部分班底要么是他的学生,要么是他的朋友,所以这个人很神奇。

王通学术造诣非常高,他的家族后来也很兴盛。孙子王勃,"初唐四杰"之一,其诗句"海内存知己,天涯若比邻"(出自《送杜少府之任蜀州》)、"秋水共长天一色,落霞与孤鹜齐飞"(出自《滕王阁序》)都为我们所熟知。王勃也是短寿,很可惜。

王通在历史上是一个奇人,但因为他在世年岁太短,所以后人没怎么记住他。但《止学》反倒出名了,这是他写的一篇小文章。他的主要著作是《续六经》,文字量很大。《止学》因为在民间流传很广,成为一部奇书。大家很喜欢读这种比较短的经典,很好用。

"止"是什么意思

那么,《止学》的"止"是什么意思?查阅中国本土文化中道家和儒家经典,比如道家的《道德经》,有多处和"止"相关。

《道德经》讲:"持而盈之,不如其已。揣而锐之,不可长保。金玉满堂,莫之能守。富贵而骄,自遗其咎。功成身退,天之道。"这里说的就是典型的"止"。"道常无名,朴虽小,天下莫能臣。侯王若能守之,万物将自宾。天地相合,以降甘露,民莫之令而自均。始制有名,名亦既有,夫亦将知止,知止可以不殆。譬道之在天下,犹川谷之于江海。"这里说的也是"止",知止可以不殆。

《道德经》最后一段也提到了"止":"名与身孰亲?身与货孰多?得与亡孰病?是故甚爱必大费,多藏必厚亡。知足不辱,知止不殆,可以长久。"这里的"止"和《止学》的"止"已经非常吻合了。

大家看完《道德经》这三段,基本能猜出《止学》的"止"要说什么。"知足不辱,知止不殆,可以长久",说的就是这个意思。所以,要懂得适可而止方能功成、名遂、身退。

儒家怎么讲"止"呢?典型的经典就是《大学》。"大学之道,在明明德,在亲民,在止于至善。"谈到这个"止"字。"知止而后有定,定而后能静,静而后能安,安而后能虑,虑而后能得。物有本末,事有终始。知所先后,则近道矣",这里又谈到"知止"。"为人君,止于仁;为人臣,止于敬;为人子,止于孝;为人父,止于慈；与国人交，止于信。"《大学》里这个"止"和《道德经》里这个"止"很像，又不像。

那么，《大学》里这个"止"究竟说的是什么呢？根据后世的解读，"止"说的是最高、最终的境界，不是停止。作为臣子，最高的追求是敬；作为子女，最高的追求是孝；作为父母，最高的追求是慈；与国人交，最高的追求是信。"知止而后有定"，代表对生命的终极追求。一个人对生命有了终极追求，就找到了他的终极目标。

所以，不管是《大学》中的"止"，还是《道德经》中的"止"，在《止学》中两种意思都有。《止学》这部经典既包含"知止不殆，可以长久"的"止"，也包含人生到底该追求什么的"止"。

《止学》是一部修身的书，成书于隋代。当时，中国历史上刚刚经历了战乱，经历汉末、三国、魏晋、南北朝，到了隋，隋末又出了个隋炀帝。经历了这么多的混乱时代，中国人口整体锐减，是是非非，起起伏伏，各种事都出现了。在这种情况下，王通写了《止学》。

02 真正自利是人生的终极挑战

时光穿过那段岁月，就像《三国演义》片尾曲一样："黯淡了刀光剑影，远去了鼓角铮鸣。"你方唱罢我登场，群雄逐鹿中原，到最后剩下了什么？到底谁才是英雄？这一生到底该怎么度过？这时，人会停下来思考，因为看到了太多英雄往事。

一般来说，一个20岁的人和一个70岁的人对生命的思考是不一样的。后者经历的事太多了，见过太多的英雄，见过太多得失、成败、利害，所以忍不住对生命发出感慨。这种感慨不是颓废，而是一种真正质朴的追求。到了这个层面，就谈到《止学》了。

《止学》谈的是真正自利的问题。真正自利，可以说是人生的终极挑战。一个时代，能做到真正自利的可以说少之又少。今天他当官了，当着当着进监狱了；明天他结婚了，结没多久又离婚了；后天他发财了，发着发着破产了。能笑到最后的没有几个人，这个非常具有挑战性。人在世间，往往只顾眼前不看未来。就像《中庸》所说的一句话："子曰：人皆曰'予知'，驱而纳诸罟擭陷阱之中，而莫之知辟也。"夫子说，每个人都说我知道，我什么都知道，我很厉害，可是被名利欲望驱赶着，陷入罟擭陷阱之中。罟擭陷阱是什么呢？捕鱼的网，捕鸟的笼子，捕兽的坑。"而莫之知辟也"，而不知早早地规避，自我保护。

《中庸》成书于春秋战国时代，到了隋朝，人们还是犯同样的错误，还是"莫知辟"也，不知道如何真正自利。很多人在世间煊赫一时，我有名，我有权，我有势，我有利，最后是你有坑，你跳进去了。人们不知道到底该如何自保，真正懂得自利的人不多，特别难。有句老话叫"你的优势决定你一生事业的高度"，可是你的短板决定你一生的归宿，人到最后多数倒在自己的短板上。

因此，一个人到底有没有智慧，关键点是看他能不能做到真正自利。这个相当有挑战性，不是看他今天有多风光，也不是看他挣了多少钱，当了多大的官，而是看他一生能不能画上圆满的句号。把自己搞明白才好。如果自己都没有搞明白，还好为人师，那是很可笑的。所以，古人说："凡是不能真正自利者，求利他，皆为妄想。"对自己的生命没有深刻去解读，对自己的人生没有认真去规划，还想给别人点拨、支招儿，这都是妄想。像我们讲课也只是分享而已，我们自己也在追求真正自利的路上。

那么，怎么实现自利？怎么把这一生自我保护好，安全度过呢？《止学》这部书是要读的，特别是有钱、有名、有势、有才华的这几类人，这本书告诉你怎么守住。

《止学》阐述了对人生十件大事的深度思考，从十个角度告诉我们如何真正自利，如何保护好自己，可以说颇有借鉴意义。在这世间，可以作为处世哲学来运用，它有很多话都是对照我们说的，对于当代人是一个警醒。

有人说，很多人是做事太多，读书太少。像《止学》这样的书，需要读一读。读它有什么好处？知止。知止可以长久，可以自利，可以不被别人耻笑，可以安享晚年。这是真功夫，也是挑战。很多大企业家风云一时，最后黯然谢幕，多可惜！

03 关于人生十件大事的深度思考

一、智之危

智极则愚也。圣人不患智寡，患德有失焉。

过于聪明就是愚蠢。圣人不担心自己的智谋少，而担心自己的品德有缺失。

才高非智，智者弗显也。位尊实危，智者不就也。大智知止，小智惟谋，智有穷而道无尽哉。

才能出众者未必真有智慧，真有才慧者并不显山露水。地位尊崇其实充满危险，有才智的人不贪恋权位。大才智的人知道适可而止，小聪明的人只是不停地谋划。智谋有穷尽的时候，而大道却没有尽头。

　　谋人者成于智，亦丧于智也。谋身者恃其智，亦舍其智也。智有所缺，深存其敌，慎之少祸焉。

谋划别人的人成功在其智谋上，也会失败在其智谋上。谋划保全自身的人依靠其智谋，也要舍其智谋。智谋有它缺欠的地方，必然存有敌手，谨慎使用才能减少祸患。

　　智不及而谋大者毁，智无竭而谋远者逆。智者言智，愚者言愚，以愚饰智，以智止智，智也。

才智不够却谋划大事的人必然失败，智谋不知停止却谋求长远的人很难如愿。对有才智的人说才智，对愚蠢的人说愚蠢，用愚蠢来掩饰才智，用才智来停止智谋，这是真正的智者。

很多话大家可能一时有些陌生，不要紧，从中随便抽出几句话，对我们都有警醒作用。比如"智极则愚"，你不要老觉得自己聪明，太聪明了不好。中国文化怎么讲？守拙，拙朴。中国文化不讲究太聪明。真正的圣人把精力放在品德上，不放在智谋上。这是教我们修身之道。

才智是危险的，你意识到了吗？现代人教小孩子，聪明再聪明，表演再表演，炫耀再炫耀，很危险。才智是不能轻易显露的，这在历史上是有事实对应的。"智有所缺，深存其敌，慎之少祸焉。"玩智谋，一定是强中更有强中手。秦朝法家出了两个人物，李斯和韩非子。李斯斗败了韩非子，把自己的同门师兄给害死了。后来，李斯又败给了那个指鹿为马的宰相赵高。最后，赵高赢了吗？也没有。整个秦朝覆灭了，最终没有赢家。

有人学传统文化，动不动就说，我要学法家。你对法家了解吗？法家无后呀。法家思想不是不能学，但一般人不可以轻易学，如果学不好就是韩非子、李斯的命运。与曹操智谋过人，挟天子以令诸侯，但最后被司马家族算计，如出一辙。这些事，其实古人看得很明白，这条路不能再走了。因为这些人有聪明才智，遇事特别喜欢用计谋，便再也不愿意用那颗真诚心了。一旦通过才智获得一些好处，讨得一些便宜，就会越来越去炫耀发挥，并以此为傲，沾沾自喜。

《止学》有很多话，告诫我们"才高非智，位尊实危"，才华太高了不是智慧，地位太尊贵是很危险的。所以，有智慧的人不到那个尊位上去，真正有大智慧的人都知止。副局长当五年了，这次领导说给你提正局吧，你说不行，我觉得才华不够，再等一等。有的人副局长当到老挺好，一当正局可能就露出了破绽。现代人一味地往前追、往外求，位置高了还要再高，手段多了还要再多，到最后你看一看，凡是那些玩手段的几个有好下场？最近这二十年，大家可以回顾一下，是不是很多这样的例子？

所以，中国古人很早就说了，这种现象要小心，可还是有很多人恃才放旷。杨修之死，就是先例。再看周瑜厉不厉害？厉害。但遇到诸葛亮，被气死了。这些故事都给我们警示：才华这个东西要小心，它是危险的。

苏东坡晚年写诗："人皆养子望聪明，我被聪明误一生。"他感慨自己这辈子被聪明给误了。纵观历史，被聪明所误的人有很多。中国文化讲的是守拙的文化。道家文化更是强调"大巧若拙，大辩若讷，大智若愚"，以至于古人起名字，都把拙、迂、讷放到里面。

这是中国人的文化，认为才智是有危险的。那么，才智如何来用呢？要善用，不是说才智是坏东西，用好了就没问题。稻盛先生关于如何用才智，有一个非常精彩的回答。他说："上天为什么会赋予你这些才华？是为了让你造福社会。"这句话非常精彩，才华并不是你的，是上天赋予的。如果才华在手，不去造福社会，而是暴殄天物，或者不好好导人向善，却卖弄口才，就危险了。自古以来，好多人被自己的才华所伤，有才华的人得善终的还真不多。

稻盛先生说："有才智的人很容易迷信自己的才智而走错方向，他们发挥自己的才干可以一时成功，但只靠才干必然走向失败。高昂的激情能够带来成功，但如果是发自私利私欲的激情，即使带来了成功，也不会长久。"这些大成功者，越到晚年越有一颗无私的心、至诚的心、动机至善的心。反复告诫世人，不要恃才傲物，不要错用你的才华，它会伤害你；不要追求不属于自己的东西，才华要像刀一样，用的时候拿出来切菜，不用了就要入鞘藏起来；不要到处炫耀才华，平时不用时，就好像没有才华一样，若存若亡，简单拙朴。

才华不是拿来炫耀的，是为了给社会解决问题；也不是用来和别人攀比的，那更是用错了。和别人比才华，最终很难有好的归宿。

二、势之险

> 势无常也，仁者勿恃。势伏凶也，仁者勿矜。

势力没有永恒，仁德的人不会一直依靠它。势力埋伏着凶险，有智慧的人不会夸耀它。

> 势莫加君子，德休与小人。君子势不于力也，力尽而势亡焉。小人势不惠人也，趋之必祸焉。

势力不要施加给君子，仁德不能给予小人。君子的势力不表现在权势上，以权势为势力的人一旦权势丧失，势力也就消亡了。小人的势力不会给人带来好处，趋附之一定会招致祸害。

> 众成其势，一人堪毁。强者凌弱，人怨乃弃。势极无让者疑，位尊弗恭者忌。

众多的人才能成就势力，一个人却可以毁掉它。有势力的人欺凌弱小的人，人们怨恨他就会离弃他。势力达到顶点而不知退让的人招人猜疑，地位尊贵而不谦恭的人使人嫉恨。

势或失之，名或谤之，少怨者再得也。势固灭之，人固死之，无骄者惠嗣焉。

势力有时会失去，名声有时会遭诽谤，少发怨言的人能失而复得。势力终会消失，人终会死亡，不骄纵的人才能惠及子孙。

"势莫加君子"，不要用势力去压迫那些君子，没有用的。过去说"富贵不能淫，贫贱不能移，威武不能屈"，这是君子。"德休与小人"，德行不要给小人，没有用，小人接不住。

君子的能力不表现在权势上，以权势为势力的人，一旦权势丧失，势力就没了。今天你是大官，明天一进监狱，势力立刻就消失了，人走茶凉。小人得了势，不去惠及百姓，而是为非作歹，这个时候不要靠近他，不然一定惹祸。小人得势是坏事，要远离，你要不远离他，跟着他凑热闹，一定会倒霉。历史上一些小人得了势，用不了多久出问题了，这样的例子比比皆是，所以要小心。

"众成其势，一人堪毁。"很多人用了很多年力气积累，把事给做成了，但中间可能有一两个漏洞，结果整个事业毁了，"千里之堤，溃于蚁穴"。

"强者凌弱，人怨乃弃。"有了势力，却去欺侮那些弱小的人，别人抱怨你，你的势力很快就消散了。水能载舟，亦能覆舟，这种事不可长久。

"势极无让者疑，位尊弗恭者忌。"势力已经很大了，这个时候不知道谦让，不知道恭敬，会遭别人嫉妒，会被别人猜疑，也不能长久。历史上那些奸臣，像严嵩、魏忠贤、和珅，都是这样的人，最终一定好不了，这是必然。

"势固灭之，人固死之，无骄者惠嗣焉。"晚清很多有名望的家族，惠及子孙的只有少数几个，曾国藩就是其中之一。更多的家族在当时权势就没有了。民国那么多大家族，还有各大军阀，那么多赫赫有名的人，奉系、直系、川系、滇系、桂系、浙系，最后，势都没有了。这就是势的特征，势无常。当你有势的时候，你就应该知道它是变化无常的，人一定会死，势一定会灭。那怎么办？"无骄者惠嗣焉"，要想到怎么惠及家族后人。

有势必有险，有势的时候不要招摇。这个势怎么解读？如果今天你在社会上很有实力，要注意怎么用这个势。这几年我们国家反腐、打黑，很像这里所说的，那些黑恶势力是很危险的，结果必然如此。"滚滚长江东逝水，浪花淘尽英雄。"无数风云人物避不开，历史就是这样。

红楼梦中的《好了歌注》，就讲这个势的变化，告诫后人不要执着："陋室空堂，当年笏满床；衰草枯杨，曾为歌舞场。蛛丝儿结满雕梁，绿纱今又糊在蓬窗上。说什么脂正浓，粉正香，如何两鬓又成霜？昨日黄土陇头送白骨，今宵红灯帐底卧鸳鸯。金满箱，银满箱，展眼乞丐人皆谤。正叹他人命不长，那知自己归来丧！训有方，保不定日后作强梁。择膏粱，谁承望流落在烟花巷！因嫌纱帽小，致使锁枷杠，昨怜破袄寒，今嫌紫蟒长。乱哄哄你方唱罢我登场，反认他乡是故乡。甚荒唐，到头来都是为他人作嫁衣裳！"

《红楼梦》是清朝的一部小说，就在讲这个变化。你看贾史王薛四大家族，最后怎么样？都没了，"反认他乡是故乡"。

古人经历过那个时代，特别是南北朝，变化特别快，三五十年一变，今天你当皇帝，明天他当皇帝，征战纷争不断，势起势伏很大，很凶险。所以，经历过以后，中国人开始停下来反思，思考怎么用好这个势。君子和小人对势的看法不一样，君子有势的时候，以势来成就事业，而不是仗势欺人，仗势炫耀，不是仗势去显示自己。他用这个势，即使在风头很盛的时候，也知道收敛。这是那个时代给我们的提醒——"势之险"。今天如果事业做得很大，也值得我们去思考和借鉴。

三、利之害

惑人者无逾利也。利无求弗获，德无施不积。

最迷惑人者莫过于利。利不求则不能得，仁德不施则不能积累。

众逐利而富寡，贤让功而名高。利大伤身，利小惠人，择之宜慎也。天贵于时，人贵于明，动之有戒也。

逐利者虽众而富贵者实寡，贤明者辞让功劳而名望日增。大利伤身，小利惠人，取舍当慎重。天道贵在有其规律，人贵在明智有节，行动要遵守戒规。

众见其利者，非利也。众见其害者，或利也。君子重义轻利，小人嗜利远信，利御小人而莫御君子矣。

许多人都能看见的利益，就不是利益了。许多人都视为有害的东西，或许是有利的。君子重视道义而轻视利益，小人贪恋利益而远离信义，利益可驱使小人而不能驱使君子。

利无尽处，命有尽时，不怠可焉。利无独据，运有兴衰，存畏警焉。

利益没有穷尽的地方，生命却有终了的时候，一生不懈怠就可以了。利益不能独自占据，运气有好有坏，心存畏惧就能警醒自己。

这里有很多话，对我们现代人很有帮助。"惑人者无逾利也。利无求弗获，德无施不积。"迷惑人的没有能超过利益、钱财的。利益、钱财你不去求，当然就没有，得不着；德你不去施，就积累不了。

"众逐利而富寡，贤让功而名高。"大家都去逐利，但真正有钱的人并不多。那些真正贤良的人，总是让功于他人，名望反倒更高。

注意，这八个字很关键："利大伤身，利小惠人。"你在追求选择时要小心，利多了不是好事，不是越有钱越好。大家可以看看，很多有钱人家总有几样不顺，要么夫妻不和，要么子女不孝，要么家人有伤，要么晚节不保，总是出点儿事。古人发现了这个现象："利大伤身"。所以，那些富贵之家怎么办？要把家财散出去，以此来养身保身，不敢独享这个利。过去把财富比作水，水是要流动的，如果不流动成了腐水，就要出问题。中国古人对财富的解读是很清楚的。

"天贵于时，人贵于明"，天有四时节气才正常，人贵有自知之明，知进退，知得失。"动之有戒也"，每做一件事，要知道它的规范和尺度，不该拿的不能拿，不该要的不能要。今天很多所谓的明白人，常在利上犯错误。昨天还在台上做报告，今天成了阶下囚，为人嘲笑，多么羞愧！还是没看明白。

"众见其利者，非利也。"大家都认为这个能挣钱，要小心，这个基本挣不了钱。有一段时间，老太太都去炒股了，人人都可以炒，有那么简单吗？炒股所用的学问，不是轻易可以获得的。

"众见其害者，或利也。"好多人不看好，或许是有利可图的，应该考虑考虑。

"君子重义轻利，小人嗜利远信。"由此能看出谁是君子、谁是小人。君子把义看得重要，不在乎利。而小人为了利益根本不讲诚信,被利益所掌控、所奴役。利益只能控制小人,控制不了不在乎它的君子,故"利御小人而莫御君子"。

"利无尽处,命有尽时","利"永远结束不了,可人的生命是有限的。"不怠可焉",不要虚度年华,不要把人生都放在追逐利益上,要去追求那些真正宝贵的东西。

"利无独据,运有兴衰,存畏警焉。"利不可以一个人一直把持,那叫独据。而人的运势有兴有衰,要小心,三十年河东,三十年河西。所以,要心存敬畏,要为之警惕。

中国人讲利害,有利有害,不能一味地只是逐利,而不知道利背后的害。这几句核心的话,大家反复琢磨一下。"利大伤身,利小惠人。"这八个字我们好好想一想。"利无尽处,命有尽时""利无独据,运有兴衰",不是说不让你得利,而是要适可而止,够用就行。多了怎么办?布施出去,要散家财,和大家共享。如果不主动共享,最后也可能被迫共享。

财富五家分,不是你一家的,不肖子孙、官家、盗贼、水、火都可能把你的财富拿走。就像《红楼梦》里说的:"世人都晓神仙好,只有金银忘不了!终朝只恨聚无多,及到多时眼闭了。"攒啊攒啊攒,给谁攒的都不知道,以为这个钱进了我的口袋就是我的了。不一定!有人吹牛,我们家的钱三辈子都花不完。你试一试,别说三辈子,你这一辈子能保住都是高手,还敢说三辈子花不完?

关于利的问题,中国古人已经看得很明白。西晋出了很多有钱人,像司马家族的司马伦,他和石崇斗富。到最后石崇家族被人嫉妒，给石崇找了个罪名。石崇被抓走的时候，问那些士兵："你们抓我进监狱，不就是贪图我们家财富吗？"士兵说："你说得可真对，我们就是贪图你家财富。早知这样，为什么不把钱散出来呢？早把钱散出来，何苦会有今天？"

这就是历史。石崇这个人做过刺史，靠打家劫舍发的财。西晋之后到南北朝，中国出了很多这样的怪事，那段历史特别值得后人反思。出了很多有钱人，出了很多名人，但是他们的结局往往很坏。如果我们不读历史，会重走前人的老路。如果在一个城市连续居住20年，你也会发现这种现象，20年前的那些富人很多都不在了，你方唱罢我登场。不难看出，这个利是有害的。

《列子·说符》有这样一则小故事，很有意思。

> 昔齐人有欲金者，清旦衣冠而之市。适鬻金者之所，因攫其金而去。吏捕得之，问曰："人皆在焉，子攫人之金何？"对曰："取金时，不见人，徒见金。"

齐国有一个人想要金子，他一大早起来穿上衣服到了集市，看到有买卖黄金的地方，上去把黄金抢了就跑，结果让官吏给抓捕了。官吏问道："光天化日之下人都在场，你怎么能去抢别人金子呢？"那人说："我抢金子的时候没看到人，只看到金子。""不见人，徒见金。"今天很多人也是这样，眼里只剩下金子，不见人了。你贪污的这个钱，从哪里来的？是百姓的血汗钱，大众的福利钱，是国库的钱。你却据为己有，不觉得很危险吗？更何况在今天这个网络高度发达的时代，这些钱都没地方存。放银行会被人发现，放家里怕被人搜出来。钱一旦收下，就变成炸弹。家里埋了一堆炸弹，等着有一天引爆，你说傻不傻？

很多人深陷其中出不来，抓了一批又一批，在同一个错误上，在同一个地方，反复很多次。你说人真的有智慧吗？学历很高，地位很高，智商很高，但知道如何真正自利吗？犯了罪，遭人唾弃，还被耻笑。

四、语之患

> 物朴乃存，器工招损。言拙意隐，辞尽锋出。

器物朴实无华才得以保存，精巧华美才招致损伤。拙于言词才能隐藏真意，话语说尽锋芒就显露了。

> 识不逾人者，莫言断也。势不及人者，休言讳也。力不胜人者，勿言强也。

见识不及人者，切勿妄下断言。势力不及人者，切勿言人之忌。力量不如人者，切勿口出狂言。

王者不辩，辩则少威焉。智者讷言，讷则惑敌焉。勇者无语，语则怯行焉。

居王位的人不须和人争辩，争辩有损他的威严。有智慧的人话语迟缓，话语迟缓可以迷惑敌人。勇敢的人并不多言，多言会使行动变得犹豫。

忠臣不表其功，窃功者必奸也。君子堪隐人恶，谤贤者固小人也矣。

忠臣不会表白他的功劳，偷取他人功劳的人一定是奸臣。君子可以替人隐瞒缺点，诽谤贤德之士的人一定是小人。

"辩"，讲话，和别人沟通、辩论、辩解。怎么看待言语的问题？有人很会说话，却是毒舌，逞口舌之快。平时说不够，还得上网继续说。在网上显得更会说，咄咄逼人，把别人都说跑了，觉得自己挺厉害。什么话都不让别人，这样对吗？

那么，人和人应该怎么说话？"言拙意隐"，言语要拙朴一点，很多意思稍微收一收，话不要说尽。"辞尽锋出"，舌头像剑一样把别人伤了，话不能这么说。不要学着怎么抬杠，一句话把别人顶到墙角，这都是不明理。

有些情况说话要注意。你的见识、见地、见解根本比不上人家，就不要下断言。势力不如别人，就不要说别人忌讳的话，那样容易被人伤害。比如，你在街上吃饭，来了几个凶神恶煞的人，一看人家势力强大，你不要拿话去刺激他们，以免被伤，委曲求全赶快走了就好。你的能力比不过别人，还不服气，还要逞强，这就是惹事。有些话不是你想怎么说就能怎么说，要看看形势再说。

和那些见识高、阅历广的人在一起，一定要多倾听，别争论。特别是年轻人，你是很有思想，很有观点，但别忘了你的观点、思想的地基是很薄的。要好好学，向那些前辈学，向那些高人学，看人家是怎么做事的。"愤青"成不了大事，别人不敢把重权交给你，因为你不知道在什么情况下该说什么话，有可能惹出大乱子。

我们来看三种情况下该怎么说话。

第一种情况："王者不辩，辩则少威焉。"就好比你是董事长，你不要和下边的员工争辩，没有意义。为什么？辩，就降低了你的威望，遇到问题去拍板就好了。就是这么规定的，不用辩解，这是我的权力。

第二种情况："智者讷言，讷则惑敌焉。"真正有智慧的人话不多，别人不知道他在想什么，就愈发抓不住他的心思。

第三种情况："勇者无语，语则怯行焉。"真正勇敢的人不多说话，话多代表内心胆怯。

这都是语言运用的智慧，也算谋略。王者不需要辩，智者的话可以少一点，勇者可以无语。

最后，讲的是修身。"忠臣不表其功，窃功者必奸也。君子堪隐人恶，谤贤者固小人也矣。"忠臣不愿意夸耀自己的功劳，不愿意多说。君子总是隐藏别人的很多恶，而那些诽谤圣贤者一定是小人。所以，诽谤别人，暴露的恰是自己。诽谤圣贤，诽谤名人，诽谤大人物，就把自己的短板露出来了。别人一看就知道，这是小人，算了，不和你交往了。有时候几句话一说，就知道这人不行，不在道上。

语言有很多过患，使用时一定要小心。我们在外面做事，都是先看人，人不对，事无论看着多好也成不了，很多事不成就是因为那个人不对。看人先听声，听他说话，多听几次，就能知道这个人在哪个层面上，是君子还是小人，是思路清晰还是混乱。如果是后者，你就要小心了，再好的事也不要推进。

这里有一个奇怪的现象，君子看小人能看明白，小人看君子看不出来。小人如果能发现自己是小人，就该改做君子了。他发现不了君子，那是他的惯性，他一贯喜欢那么说话，已经成为一种常态。一旦进入君子圈，别人一听就知道这人道行不够，不和你多说。真正的君子，一交流，几句话就知道了。谦卑有礼，处处让人，懂得感恩，懂得恭敬，适时地赞叹，一说话就知道这个人是高人。不在于讲出多少大道理，也不在于卖弄几个晦涩的词。几句话之间，就知道这个人在很高的段位上，但如果你不在意，可能觉察不到。

很多时候，是我们的语言露出了破绽，露出了我们内心的混乱，乃至道德的不高尚。语言是有过患的，所以，古人写文章告诉我们言拙意隐。人贵有自知之明，要好好去倾听，好好和别人商量，虚心请教。现在很多年轻人心高气傲，事业做得不大，却有很高的地位，然后开始发号施令，不去学习，不去倾听，直到有一天碰了壁把事情搞砸，才知道自己错了。

所以，这个"辩卷"，讲了很多关于语言的哲学，在世间如何自保，如何安身，如何和别人沟通，在什么情况下什么话当说，什么话不当说，语言要尽量回收。有时候白天说完话，晚上想一想，话说得对不对。哪些话说得不对，要回想一下，下一次改进。我自己讲完课，到晚上回顾一下，发现有几处语言用得不对，以后就会改正。

那么，怎么发现语言用得不对？用经典来发现，以经典做参考，经典会告诉你怎么说话。比如，"长者先，幼者后"是说话的顺序；"父母教，须敬听"是说话的状态；"父母呼，应勿缓""称尊长，勿呼名"是说话的逻辑。长者要给你讲道理，讲一个非常重要的道理，这个时候你手机响了，你不能接，要把手机挂掉，或者跟长者请示一下："对不起，我有事，我先接完电话回来接着听。"你一边听一边接电话，长者就不想再讲了。这是一个细节，说明你在和别人沟通时，基本礼节没有受过严格训练，证明你心不在焉。

人和人之间就是这样，你的态度足够恭敬时，别人才愿意以真心相待，以真理相传；如果你的态度不端正，人家不跟你说，说了也没用，说了你也不听。所以，有时候你想听一句好话，听一句对你有用的话，既要看你的态度，还要看人家的心情，还得找对人。懂得这些道法的人，人家觉得你是可塑之才，才跟你说。

"识不逾人者，莫言断也。"有些问题不要着急下断言，要多向长辈、老师去请教。太着急下断言,别人就不愿意教你了,觉得这个年轻人没有深度。我这些年的教书生涯,遇到过很多学生,对于这种好下断言的学生,不敢教啊。凡事特别愿意自作主张,每次来不是向你请教的,是来给你打个招呼,他已经决定了,我只能说好好好。等到结果不如人意了,说:"老师,哎呀,当时要是问问您就好了。"可当时你不问我,你觉得自己啥都知道,决策很准,这就叫吃亏。如果你说:"老师,最近有个事我想不清楚,您帮我看一看。"你要这么说,我就帮你拿个主意。

所以,每逢大事问老师,这是有智慧的人。越是有智慧的人,在做重大决策时越谨慎。择偶、择业、择师,这都是人生大事,都要商量一下。

我们当年读书的时候还比较传统,谈个女朋友都和老师商量一下。老师也很尽责,说领过来看看,看完说:"好,挺好!"点赞同意。得到长辈的祝福,婚姻就很吉祥。现在的年轻人要自由恋爱,是很自由,结婚很自由,离婚也很自由。

有时候择偶择不来,择业择不来,想破脑袋也没办法,原因之一就是不知道怎么去和老师相处,不知道怎么去自我把握。

古人说,"乱之所生也,则言语以为阶",很多混乱都是通过言语生出来的。说话不注意,惹来很多麻烦、过患,所以要格外小心。

五、名之损

> 好誉者多辱也。誉满主惊,名高众之所忌焉。

喜好名誉的人,多数会遭受侮辱。赞誉太多,君主就会惊恐;名声太高,就会招来众人嫉恨。

> 誉存其伪,谄者以誉欺人。名不由己,明者言不自赞。贪巧之功,天不佑也。

名誉是有虚假的,谄媚的人用赞誉来哄骗他人。名望不是自己所能左右的,明智的人不会自我赞扬。贪婪和巧取所得的功名,上天不会保佑。

> 赏名勿轻,轻则誉贱,誉贱则无功也。受誉知辞,辞则德显,显则释疑也。上下无争,誉之不废焉。

赏给他人荣誉不要太随便,太随便了荣誉就不贵重,不贵重就失去了功效。接受荣誉要懂得辞让,辞让就能显现美德,显现美德就可以解除猜疑。上司和下属没有争斗,彼此的名誉就不会废弃。

人无誉堪存，誉非正当灭。求誉不得，或为福也。

人没有名誉可以存活，不是正道得来的名誉却能让人毁灭。求取名誉而不得，这也许是福气。

誉是什么？就是名，别人对你的赞美。被别人赞美都是好事吗？要注意，它对人是有损害的。好名、好追求别人赞美的人，很容易遭受侮辱。为什么？因为你很在意这个事。"好誉者多辱也"，并不是说别人侮辱了你，而是因为你好誉，当别人不赞美时，你就受不了，是这么回事。

为了保持美好的心情，平时要把"好誉"这种坏毛病去除，不要沾染，"好誉"对你的未来会有损伤。若长期好誉，一定有多辱的命运，要小心。

"誉满主惊"，如果你在公司做中层，注意看，你的名声太大了，谁担心？董事长害怕了。这可不行啊！你上媒体了，成知名人物了，董事长还没上媒体，这在公司可怎么办？"名高众之所忌焉"，名声太高，有的人难免生嫉妒。所以，有德的人知道，这不是好事。

"誉存其伪，谄者以誉欺人。"名声本身就存在水分，不一定是真的，不要以为别人夸你，夸得都对。你有钱，你是董事长，你领着儿子去参加宴会，来了一个客户说，哎哟，这小伙子长得真帅。真的吗？不一定。又来个客户说，哎呀，这小伙子真有才。真有才吗？不一定。这些人为什么赞美你的孩子？为了讨得你的欢喜。他是谄媚之人，他在欺骗你，这中间有很多水分。

就好比我出去讲课，讲了一天课，然后问大家："各位学员好，我的课讲得好不好？"谁能说不好？谁都会顺着说，老师的课讲得真好。不一定真好，人家不得不这么说，是你偏要这么问，你让人家怎么说呀？人家只能顺着你说。

"誉存其伪"，里边虚的成分很多。这个时代，人和人之间喜欢互相夸，成了一种社交礼仪，千万不要当真。我们要经得起夸，不要把自己太当回事，不然容易出问题。

所以，"明者言不自赞"，那些真正明白的人，从来不赞美自己。那么，他的名声怎么来的？"名不由己"，德行很高，名声自然显现，是自然诞生的，不是强求来的。

"贪巧之功，天不佑也。"非要贪这个名，老天都不保佑你，你配不上那个名，那个名不属于你。古人告诫过这个事："名者，造物所忌。世之享盛名而实不副者，多有奇祸。"只要你出了名，就会有人嫉妒，因为嫉妒心是人之常有。出名这个事你不要觉得是好事，要小心。我自己学传统文化很多年，时刻在修这颗心，修不嫉妒别人。我跟大家汇报，都这么多年了，还是修不干净。看到别人做得比我好，第一念还会生起嫉妒。得转，转成对别人祝福，要费很大力气去转。

我们换位想一想，别人是不是也这样？"世之享盛名而实不副者，多有奇祸。"很多人名声很大，实际上名不副实，祸患就要来了。现代人喜欢出名，去做直播，刷粉丝，刷流量，几十万几百万的粉丝都上来了。确实出名了，但能不能担得起？你能红几年？如果名不副实，你会收不了场。"好誉者多辱"，将来有一天人走茶凉，你没法安于寂寞，内心就该难过了。所以说，"贪巧之功，天不佑也"，你羡慕那个名，老天都不喜欢、不保护你这个名。

然后，"上下无争"，领导和下属之间在名上不争，互相推让，"誉之不废焉"，名声就能保住，年底也就有了业绩。董事长要表彰这个部门，部门经理说这都是员工的功劳，他们最辛苦。员工说都是部门经理的功劳，把我们带领得好。互相推辞，无争，"誉之不废"，董事长就很放心。怕就怕"上下争名"，上级领导跟下级争名，下级就没有干劲儿；下级跟上级领导争名，上级领导就不提拔栽培下级。双方都会受伤，一争名，两伤。

最后一句话说："人无誉堪存，誉非正当灭。"人没有什么名声，也会过得挺好。"堪存"，小日子过得不错，挺美的，何必抛头露面？一定要名满江湖就好吗？如果这个名声不该是你的，那它一定会很快消失，根本留不住。就像这十年二十年国内有很多名人，留住了吗？留不住。

"求誉不得，或为福也。"你追求出名，没有得到，或许是好事。那些真正的名人，很多革命先辈，他们干革命不是为了求名，是为人民谋幸福，后人缅怀他，给他荣名。所以，他们的名不是自己求的，他们心里不在乎这个。功成身退，他们的名是后人给的。我们的伟人邓小平，每年在他的诞辰日，全国有那么多人怀念他，这不是邓公自己所求的，是后人对他念念不忘。

本卷一开头说"好誉者多辱"，提醒人要小心，喜好名誉的人多数会遭受侮辱；最后一句讲到"人无誉堪存"，前后呼应，相得益彰。这十个字可以做一副对联：好誉者多辱，人无誉堪存。过平淡的生活，挺好的，平平常常，平平安安，都是好日子。

或许有人会说："老师，那你还出来讲课，还有很多粉丝听你的课呢。"我们不是为了名，这是一种责任和担当，我们希望这些经典能为更多人所用。其实我讲得也不好，但希望通过我的分享，让更多人学习这些经典，然后能够保身，少犯错误。一失足成千古恨，多可惜呀！所以，每当我看这些经典，忍不住要和这个时代对照。一对照，内心都是感慨。我就想，这些经典如果现代人多读一读，再写上两句挂起来经常看看，就能避开很多灾祸。人这一辈子多不容易，出名本来就不容易，因名而遭受损失的人又太多了。何苦呢？没有名，求名，爬到高处又摔下来。

柳宗元在《柳河东集》中说：

> 蝜蝂者，善负小虫也。行遇物，辄持取，昂其首负之。背愈重，虽困剧不止也。其背甚涩，物积因不散，卒踬仆不能起。人或怜之，为去其负。苟能行，又持取如故。又好上高，极其力不已，至坠地死。

这则故事很有寓意，很讽刺。古人写文章都是很微妙的，不讲动物，也不研究动物，讲的是时代的一种现象。把某类人比作蝜蝂，遇到东西就放到后背上，已经背不动了，还不肯放下，而且后背很不光滑，东西堆上去还积而不散。这就像求财不止，一直到背不动了，财富把自己压得不行了，都爬不动了。别人一看挺可怜的，帮他减负，一旦能爬起来，又恢复老样子。这也像求名，就喜欢爬高，爬呀爬，爬到再也爬不动了，啪，掉地上摔死了。柳宗元的这则寓言，就告诉我们这个道理。

再比如，韩婴的《韩诗外传》讲："禄过其功者削，名过其实者损。"禄，俸禄。"禄过其功者削"，你所拿的工资和你的功劳不对等，工资高了，会减你的福。"名过其实者损"，什么叫损？对你有微词。你的名声太大，不符合你的实际才德，这时候会有人说你不行。你不是那块料，非要当那块料，非要当那个官，官当得又不好，名过其实了，别人背后就开始议论你，说你早该下来了。有一天你终于被免职，别人拍手称快："你也有今天啊！"听到这句话该有多痛苦啊，还不如当个小官呢。

所以，名和利不能妄求，要量力而行，也不必多求，够用就可以，这都是保身之术。

六、情之伤

情滥无行，欲多失矩。其色如一，鬼神莫测。

情感过多就没有品行，欲望太多就会失去法则。喜怒不形于色者，深不可测。

上无度失威，下无忍莫立。上下知离，其位自安。君臣殊密，其臣自殃。小人之荣，情不可攀也。

上司没有度量容人就会失去威信，下属不能忍受屈辱就不会成就事业。上司和下属都懂得保持一定的距离，彼此的地位自然保全。君主和臣子过于亲密，做臣子的反而会招来祸殃。小人荣达时，不可以和他们攀附交情。

情存疏也，近不过已，智者无痴焉。情难追也，逝者不返，明者无悔焉。

情感有疏远的时候，跟最亲近的人，关系也不要逾越，有智慧的人不会对他人痴迷。情感难以追寻，过去的一去不回，明智的人不会懊悔不已。

多情者多艰，寡情者少艰。情之不敛，运无幸耳。

情感泛滥的人艰辛多，情感自律的人磨难少。喜怒不节者，必受困厄。

情感、欲望，怎么把控？不要因为这个伤了自己。一个人情感泛滥，就没有道德；一个人欲望过多，就会突破规矩底线。一个人守身如玉，鬼神也不能伤害你。

接着讲了人和人的感情，这个分寸怎么把握？"上无度失威，下无忍莫立"，领导对下属没有一个度，分寸把握不准，会失去威德、威望。作为下属，不能忍耐，不能控制情绪，就立不住。

我前两天见了一个朋友，他的孩子在外地一家国际大型公司工作，他们企业招了五个年轻人，一年下来只剩下一个，那四个都走了。什么原因？"无忍"，忍受不了领导的批评，领导有一点儿批评都不行。很多年轻人常犯这个毛病，最后就干脆回家"啃老"，谁也不能说我，情绪很大。

"上下知离，其位自安"，上下保持一定的距离、空间，双方位置都很安稳。"君臣殊密，其臣反殃"，如果君臣关系过于亲密，对这个臣子不是好事。明朝有几个大臣，到最后新皇帝一登基，全家立刻被抄斩，为什么？君臣殊密，失去礼节了，大臣管得太多，什么都想管，把皇帝都给掌控了，皇帝受不了。

"小人之荣，情不可攀也"，小人得势，荣耀了，要远离，不要去攀附，攀附一定出事。不要以势取人，要看他的德行，德行不好，不管他官多大，都要远离。这种往来的情感要不得，推杯换盏，他的官大，他是什么什么长，咱俩是真哥们儿，但他是个小人，你要小心啊。官场之情，商场之情，这里所谓的友情是画问号的。

"情存疏也，近不过已"，情要有一定的距离，太近了不好。即使是你最亲近的朋友，也不能逾越，这表示对人的尊重。"智者无痴焉"，智者不会迷恋，不会痴迷。因为一旦过于接近，就会掺杂很多私心。过去有人讲过这样的故事，老板们在喝酒，其中一个人吹牛说，我和某某市长是哥们儿，我打个电话他必须得到啊。打个电话，真的就来了。这两个人一定好吗？这是真哥们儿吗？这不是控制别人吗？这种情感要小心。

"情难追也，逝者不返，明者无悔焉。"情感已经过去，追不回来了，明白的人不去懊悔，过就过了，要往前看。"多情者多艰"，一个人感情太丰富了，付出太多，这一生一定辛苦。"寡情者少艰"，感情可控，很自律，不会那么折腾自己。

"情之不敛，运无幸耳"，情感不收敛克制，是很不幸的。我记得读初高中的时候流行言情剧，我一看就觉得很吓人，从剧首到剧尾，整个都在讲情，男女主角也不上班，也不工作，也不挣钱，就是我爱你，你爱我，天天就是情啊，痴啊。我那时候就很怀疑，这都什么年代了，就这样还能发展生产力吗？关键是少男少女还好，都40多岁的中年人了，还在情感世界里转呢，左转右转转不出来。就这点儿小事都处理不明白，还能做什么大事？这不是多情，这是大脑混乱。

情用不对，会把人的一生全给搞乱。这个内容并不难理解，实际上是告诉我们，在情感的控制上，对于欲望要能"其色如一"；在人情往来上，要上下有度；在情感互动上，过去就过去了，要保持一定的分寸，不要逾越；在人生大道上，要克己自律。少年谈个恋爱，青年结个婚，就抓紧奔事业吧。有的四五十岁了还在恋爱，还多情，事业都给耽误了。这是没正事，这就麻烦了。

"情之不敛，运无幸耳"，情不知道收敛控制，将来会不幸，要小心。这里说的情，有情绪，有情欲，有情色，有情感，要好好把控。作为人，不可能没有情，但要学习怎么运用它，在情上别伤了自己。情能毁掉一个人，很多贪官都是这边贪财那边贪色，大搞权钱交易、权色交易，不能自控，不能把握。过不了这一关，还给自己编造一个很好的借口，说什么英雄难过美人关。没有什么真正的美人，你也不是英雄，都是自欺欺人。君子一定能过美人关，君子也没有美人关可过，君子看谁都是好人，君子心中没有那么多所谓的美丑，所谓美人关就是欲望的代名词。

古人论述过人性的本源，在情上确实不好逾越。我们要尽量收敛克制情感，同时，要讲究情义，讲究道情，讲究对家人有情有义。对父母的情义，对亲人的情义，对子女的情义，这都是合理的，这都要有。

七、困之机

人困乃正，命顺乃奇。以正化奇，止为枢也。

人处困厄是正常的，命运顺利是出人意料的。把逆境转化为顺境，有所不为是关键。

事变非智勿晓，事本非止勿存。天灾示警，逆之必亡；人祸告诫，省之固益。躁生百端，困出妄念，非止莫阻害之蔓焉。

事情的变化不是有智慧的人就不能掌握，事情的根本不知停止就无法保存。天降灾难表示警告，违逆一定会灭亡；人生祸乱让人警戒，反省必有益处。躁进产生无穷祸患，困境容易生出邪恶的念头，不知止就不能阻止其害之蔓延。

视己勿重者重，视人为轻者轻。患以心生，以蹇为乐，蹇不为蹇矣。

看视自己并不重要的人被人重视，看视别人十分轻贱的人被人轻贱。祸患从思想引发，如果把困境视为乐事，困境就不是困境了。

穷不言富，贱不趋贵。忍辱为重，不怒为尊。蹇非敌也，敌乃乱焉。

穷困时不可以说富贵的事，贫贱时不要去攀附富贵的人。忍受屈辱是最重要的，不发怨怒是最宝贵的。困境不是敌人，真正的敌人是放纵胡为。

困难是人生必然经历的一道风景，怎么面对？怎么在困难中自保自利？"蹇"是困难的意思，困难、困厄、困境都算蹇。

首先，第一句话就是立论："人困乃正，命顺乃奇。"这一生经历一些困难是常态，人人都如此，不是你一个人这样，困难都会过去。不要觉得你的困难最大，不要叫喊，谁都经历过。人的一生如果一帆风顺，这才奇怪呢。这是少有的事，多数人一生都经历过困苦。

"以正化奇，止为枢也"，把困难当作常态，转向顺利，知道进退，知"止"是关键。"事变非智勿晓"，事情是变化的，没有智慧就看不明白。"事本非止勿存"，事情的根本处，如果不知道及时停止，最后什么都保护不了，会失去整体。

这一段最后几句特别关键，跟这个时代很是相关。"天灾示警，逆之必亡"，出现灾祸了，这是老天向你发出警报，如果你还不反思，还在逆反，只能走向消亡。"人祸告诫，省之固益"，很多所谓的人祸，都是在提醒你，如果你能反思，就不会有问题。"躁生百端，困出妄念，非止莫阻害之蔓焉。"人在躁动时会生出很多祸事，人在困境中会生出很多妄想、妄念，这个时候如果不知止，不能静下来，灾害就不能被阻止，会继续蔓延。

天清地宁，地宁天清。我们可以对比一下，现在的地球和我们小时候的地球一样吗？这四五十年变化就非常大。再加上人心不知足，人心不知耻，欲望太大了，穷奢极欲。在这种情况下，人类需要的是反思。

所以，当下最着急的事是什么？是反思，是回归，重新回归简朴的生活。减少碳排放，增加森林面积，增加农作物种植，提高耕地的利用率，减缓矿场的开采，减少汽车的使用，回归自然。

"天灾示警，逆之必亡。"在古人看来，没有哪场天灾人祸是偶然的，都有其因，只是我们缺少深度的反思。我们经历过很多困难，如果没有反思，这些困难就白白经历了。

"视己勿重者重，视人为轻者轻。患以心生，以塞为乐，塞不为塞矣。"认为自己不是很重要的人，反倒很受人尊重；对别人很轻蔑的人，往往自己也不被人重视。祸患从哪里产生呢？从心而生。所以，如果你不以困难为困难，以困难为乐，困难就不是困难。这是辩证的哲学，面对困难，要接受它。

"穷不言富，贱不趋贵"，穷的时候，不要攀附富贵，不要嫉妒别人。"忍辱为大，不怒为尊"，能够忍辱，不发脾气。"塞非敌也，敌乃乱焉"，困难不是敌人，混乱放纵才是敌人。

困难当中是有机会的，有三种机会：

第一种，以困为常。把困难当作常态，这就是人生。烦恼就是人生，困难就是人生。你不要说2023年很困难，2024年就没困难了，不是这样，年年如此，生命的常态本来就是这样。能如此想，就不再发愁了。

第二种，困中反思。《论语》讲："君子求诸己，小人求诸人。"是指责别人还是反思自己？反思自己。不会反思怎么办？读经典，一读经典就能发现自己的错误。经典像镜子一样，读经典照镜子就是反思。包括我给大家分享经典，都是在反思。像我自己做这件事，如果跟名有关，跟利有关，跟言语有关，我都会小心。所以，这部经典是写给我的，我只是分享给大家，每分享一次，对自己都是一次提醒。

经典不是给别人用的，是给自己用的。读经典对照自己就是反思。读"父母呼，应勿缓"这一句，我有没有做到？读"长者先，幼者后"这一句，我今天做错了吗？再读"尊长前，声要低"这一句，哎呀，我错得太离谱了，跟爸妈说话声音大了。这么读《弟子规》，就读出味道来了。

有欲望时读"好誉者多辱"，这不就是说我吗？我就是这样的呀。"言拙意隐，辞尽锋出"，描述我呢，说话太咄咄逼人了。这样读经典，一读就读明白了，懂得是给自己读的书就好办了。学会在困境中反思，读经典反思，遇事不明白了赶快读经典，一读就解决了。

第三种，困中突破。困境是人生常态，一帆风顺才是意外。你会用它，它就变成你的人生阶梯。所以，不要着急，不要急躁，"躁生百端，困出妄念"。不要把自己扰乱了，心平气和地面对它。困难来了，机会就来了，突破的时机到了，这叫"困中有机"。

你别担心，遇到困难时读第七章，一读这章就好办了。遇到名时读《誉卷》，遇到利时读《利卷》，遇到情时读《情卷》，有才华了读《智卷》，这一读就全明白了，原来是这样。所以，对应地读，古人怎么说的，听古人的话错不了。

八、怨之解

世之不公，人怨难止。穷富为仇，弥祸不消。

世道不公平，人们的怨恨就难以停止。穷人与富人互相仇视，遍布的祸患就无法消除。

君子不念旧恶，旧恶害德也。小人存隙必报，必报自毁也。和而弗争，谋之首也。

君子不计较以往的恩怨，计较以往的恩怨会损害君子的品行。小人心有隙怨一定要报复，这样只能自我毁灭。讲和而不争斗，这是谋略首先要考虑的。

名不正而谤兴，正名者必自屈也焉。惑不解而恨重，释惑者固自罪焉。私念不生，仇怨不结焉。

没有正当的名义就会惹来非议，让名义归正一定要谦下委屈自己。误解疑惑不能解除，仇恨就会加重；想消融误解疑惑的人，则要自我谴责。自私的念头不生，仇怨就不会结下。

> 宽不足以悦人，严堪补也。敬无助于劝善，诤堪教矣。

宽厚并不能取悦所有的人，严厉就可以作为它的补充。恭敬对劝人改过没有帮助，诤谏就可以用来教导他。

怎么释怨，人和人之间才能把误解消除？在世间做事，难免被误解，乃至怨恨累积，不管你怎么努力都会有人不满意。就像我们办学校一样，我已经很努力了，但就是有家长不满意："校长，你没好好教我的孩子。"其实，我也很努力教了，只是成效不显著，没教好。

那怎么释这个怨？文中说了："世之不公，人怨难止。"世间就这样，有时没有公平公道，人的怨恨是难以平息的。"穷富为仇"，穷富之间很容易产生仇恨。"弥祸不消"，这种祸端弥补不了，也不容易消除。

那该怎么办呢？首先讲君子该怎么办："君子不念旧恶，旧恶害德也。"你对我怨恨，我忘了；你和我之间有嫌隙，我忘了；你说过我坏话，我也忘了。包括夫妻之间也是，过去的不愉快，不要再提，没有意义了。过去的不愉快不再提，这是君子之风，念旧恶会损伤人的德行。

"小人存隙必报，必报自毁也。"小人不是坏人，他只是智慧不足。一旦生出怨恨，出现嫌隙，老想去报复，结果越报复问题越大。

出现怨恨，应该怎么办？"和而弗争，谋之首也。"要谦和，不和你争，让你一步，你都对。这样就过去了。

"名不正而谤兴，正名者必自屈也焉。"名声不正，别人对你一定会有诽谤，你想把名声正过来，就要忍一忍，受点儿委屈，要示示弱，说点儿软话，事就解了。不要和别人争论，争论是没有用的。当这个事不成的时候，当你的名不正，被人诽谤的时候，不要忙着去辩解。

"惑不解而恨重，释惑者固自罪焉。""惑"就是误解，误解如果解不开，怨恨就会加重。怎么解开这个怨恨？方法是自罪，我错了，我没做好。家长说："李校长，我的孩子你没教好。""对，对不起，我真没教好。"这样就好，道个歉，鞠个躬。如果鞠个躬还解不开，怎么办？那就鞠俩躬。不行，鞠仨躬。只要能解决，几个都行。别人说，校长，你太委屈了，那孩子学不好不怪你，他就是冤枉你。不要管这个，不要再去讲理，讲理没用。自屈自罪，这是古人出的招儿，要把自己放低。要说自己不对，而且不念他人旧恶，怨就释开了，就这么解。

"私念不生，仇怨不结焉。"如果内心没有自私的念头，没有伤别人的心，天长日久，这个怨会慢慢解开。仁者无敌，拥有一颗光明无私的心，这是根本。即使别人一时误解你，事隔几年再看，"他是个好人，当年我误会他了"，这事自然就解开了。如果这个误会是从你的心而生的，别担心，"私念不生"就可以了。

这就是释怨，人和人之间如果有怨恨，这么来解就好了。要说谁的过错，我的，自罪；要谁先退一步，我来，自屈。如果这个怨不释，就会越来越重。

接着还教了两招。"宽不足以悦人，严堪补也"，如果你这样都不足以让人喜悦，或许你严厉一些、严格一点儿，可以补救；"敬无助于劝善，诤堪教矣"，如果你很恭敬都不足以劝他向善，那不如诤谏相待，问题或许能解决。这是补救的方法，但这个方法因人而异。如果不是合适的人，就不和他多说；如果这个人合适，你这么宽待他，他对你还是不能释怀，你这么尊敬他，他还是抱怨你，这个时候"严堪补也""诤堪教矣"。可能你拍拍桌子，说点儿狠话，他就明白了，原来自己也有问题，这也是一个好方法。

以上都是教我们做事的方法。一开始说世间就是这样，人怨难止。一个人在世间生活，要是与人还有很多误解，怎么处理？能忘掉的忘掉，不能忘掉的退一步，再不行，道个歉，"和而弗争"，用这种方法就解开了。

九、心之和

欲无止也，其心堪制。惑无尽也，其行乃解。

欲制欲，先制心；欲解惑，唯有行。

不求于人，其尊弗伤。无嗜之病，其身靡失。自弃者人莫救也。

不向他人求助，尊严就不会受到伤害。没有特别的嗜好，自身就不会迷失。自我放弃的人，人们无法拯救他。

　　苦乐无形，成于心焉。荣辱存异，贤者同焉。事之未济，志之非达，心无怨而忧患弗加矣。

苦与乐没有一定的形态，它的形成取决于人的内心。荣与辱有所不同，贤明的人却同等对待。事情没有成功，志向不能达到，心上没有抱怨就不会增加忧虑和祸患。

　　仁者好礼，不欺其心也。智者示愚，不显其心哉。

仁德的人喜好礼仪，是不愿欺骗他的内心。有智慧的人显现愚钝，是不想暴露他的内在。

这些乍一读，觉得有些晦涩。如果仔细读，其实很容易理解。"欲无止也，其心堪制"，欲望没有止尽，关键看你的心，要用心把它调伏，以心来对治，所谓治欲先治心。

"惑无尽也，其行乃解。"做事情时遇到困惑，怎么办？行出来就明白了。如果不去做，永远不知道。正所谓"绝知此事要躬行"，要行才知，以行而知，就是这个意思。

"不求于人，其尊弗伤"，凡事不求人，你的自尊就不会受伤害，所以要自立自强。

"无嗜之病,其身靡失",如果没有沉迷于某种嗜好,就不会迷失,就不会陷进去无法自拔。我们可能会有一些不好的习惯,像抽烟喝酒,但只要不成为嗜好,及时改正就好。

"自弃者人莫救也",最怕人生没有志向,自我放弃,整个心已经散了。所谓"不求于人",说的是自强;"无嗜之病",说的是自律。能自强自律,而不自弃。

"苦乐无形,成于心焉。"苦和乐并不是什么具体的东西,都是你的心,你的心觉得快乐就快乐,觉得不快乐就不快乐。过去延安很偏僻,吃穿用度没那么好,大家却过得很快乐,正像歌里所唱的"解放区的天是明朗的天"。今天很多孩子出门有车坐,生活优越,依然觉得不快乐。苦乐不在于物质上的享受,而是由你的心造成的。

那么,人的荣辱呢?"荣辱存异,贤者同焉。"在贤者看来,荣辱没有什么差别,因为贤者对荣辱不在乎。他的心如一,你辱我,我这样;你荣我,我也这样。世人为什么会对荣辱动心?在乎那个荣,在乎那个辱。"好誉者多辱"就是这个意思。不是荣辱怎么样了,是荣辱把你的心扰乱了。所以,无论苦乐还是荣辱,心不动就没事。

"事之未济,志之非达,心无怨而忧患弗加矣。"哪怕事情还没有做成,理想还没有实现,你的内心没有焦虑、委屈和抱怨,就不会产生忧患。

所以,不管做事,还是看待荣辱,或面对苦乐,关键在于你的心。你的心对了,苦中有乐;你的心对了,荣辱不动其心;你的心对了，事未济，志非达，依然没有忧虑和祸患。所以，要解决的不是那些事，而是自己的心。

关于心，这里讲了三层意思：首先讲欲望，从心治；然后讲要自强，要自律，不要自弃；最后讲苦乐荣辱全在心上。所以，不要总以为是别人害了你，其实根本在你自己。

最后一句说："仁者好礼，不欺其心也。"仁者为什么好礼？他不想欺骗自己的心。他的礼节、礼貌是由心而显的。"智者示愚，不显其心哉。"有智慧的人却显得似乎很愚痴、愚拙，啥意思？不想显露他内在的世界，也不想让别人不舒服，这都是心的显现。所以，一个人"好礼""示愚"都与心有关。

《止学》是在隋朝写的，这个时期儒家对于心的论述越来越深入，能专门拿一章写心，在之前的儒家文章中很少见。《心卷九》对心做了四重论述，虽然没有讲得淋漓尽致，但也说到很多要点，值得我们参考。

要在心上调整自己，要和你的内心世界相和，而不是去改变外在的世界。

十、德之修

> 服人者德也。德之不修，其才必曲，其人非善矣。

让人信服的是一个人的品行。不培养品行，人的才能就会用于偏邪，下场便不是善终。

　　纳言无失，不辍亡废。小处容疵，大节堪毁。敬人敬心，德之厚也。

采纳他人的建议就没有过失，不中途停止就不会前功尽弃。小的地方存有过失，大的节操就会被葬送。尊敬他人就要尊重他人的思想，这是提高品德的关键处。

　　诚非致虚，君子不行诡道。祸由己生，小人难于胜己。谤言无惧，强者不纵，堪验其德焉。

真诚不能靠虚假得来，所以君子不使用诡诈之术。祸患由自身产生，小人很难战胜自己。对诽谤的话不惧怕，真正强大的人不放纵自己，以此可以验证一个人的品德。

　　不察其德，非识人也。识而勿用，非大德也。

看不出人的品行，就算不上会识人。能识人却不能任用，不能说是德高者。

"服人者德也"，真正让别人尊敬佩服的是你的德行。《弟子规》说："人所服，非言大。"别人佩服你，不是因为言大，是因为你德高望重。"德之不修，其才必曲，其人非善矣。"一个人如果不修德行，才华一定会有问题，会偏激、偏邪。不修德，却能发挥才干，这不是一件好事。

"纳言无失"，如果能经常听别人劝告，就会减少很多过失。要学会听别人的劝告，不要固执。

"不辍亡废"，如果做事能精进不止，这个事就能做成，不会半途而废。

"小处容疵，大节堪毁。"在小的地方放纵自己，不管束自己，不自律，到大的地方就会把自己毁掉。所以，我们说"勿以恶小而为之"。

"敬人敬心，德之厚也。"尊敬一个人，真正尊敬的是他的内心世界，那是他真正的德，而不是敬其名、敬其利、敬其势，那都是趋炎附势，那些不是真正的德。所以，德者，敬人敬心。我们也常说慕贤慕其心，这是德行加厚的地方。

"诚非致虚，君子不行诡道。""诚非致虚"，真诚不能靠虚假来达成。"君子不行诡道"，真正的君子不去做那些偷偷摸摸的事，那个没有意义。"祸由己生"，真正的祸事由谁造成的？是自己，不是别人。"小人难于胜己"，小人最大的毛病是战胜不了自己。所以，小人生祸端，因为战胜不了自己。

今天我们谈"小人"，这个词已经变成贬义词了，但在历史上，并没有褒贬之分。小人是说那些没有智慧的人，不能真正自利的人，不能让自己一生幸福的人。今天那些自我伤害的人，都可以叫小人。

"小人难于胜己",在名利情欲上不能克制自己,这就是小人,从而导致"祸由己生"。

你可以成为君子,也可以成为小人,成为君子还是小人,由你自己决定。小人有小人的命运,君子有君子的命运,不是简单的道德评判,是对命运不同把握而产生的两个人生方向。

"祸由己生",如果不修德,祸就来了,不是法院要找你,是你自己惹下了祸事。

"谤言无惧,强者不纵,堪验其德焉。"当别人诽谤你的时候,你的内心并没有恐惧,自立自强,不放纵自己,这就能看出一个人的德行。不害怕流言蜚语,能自强,不放纵,这就是一个有大德的人。

如果你在用老师、用下属、用员工的时候,不看他的德行,就是不懂得识人。那么,怎么识人?怎么用员工?怎么选贤与能?怎么评聘干部?记住这个原则:"不察其德,非识人也。"不去看一个人的德行,不算真正把人看懂了。

"识而勿用,非大德也。"你看到他有德,却不肯用他,你自己的德行也不够。

本卷开篇说"服人者德也",就是说,要让别人尊敬我们,靠自己修德,不修德就会"祸由己生"。后面又讲,不仅自己修德,还要以德来管人,以德来用人。这样,交朋友就会交了,用干部也会用了,就减少了祸患,就没事了。

以上是从十个层面讲如何自利、自保。

一、智卷，"智之危"，才华是有危险的，要小心；

二、势卷，"势之险"，势是有危险的，要注意；

三、利卷，"利之害"，利是有害的，要小心用；

四、辩卷，"语之患"，言语是有过患的，要好好用；

五、誉卷，"名之损"，名用不好，损害你自己，不要去求名；

六、情卷，"情之伤"，情感管理不好，会把你的人生给耽误了；

七、蹇卷，"困之机"，困难中是有机遇的，别担心；

八、释怨卷，"怨之解"，怨是能被解开的，内心无私就行了，不念旧恶，退一步，忍让；

九、心卷，"心之和"，内心能守住，外在苦乐荣辱不会伤害你；

十、修身卷，"德之修"，修德。

现代人读书多了，很有才华，能挣大钱，有利，有名，会说话，懂情感，困难多，冤仇多，修身出了很多问题。遇到这样的情况，《止学》这样的经典可以多读。读了以后自我对照反省，作为修身保身之术，非常好用，做起事来从容淡定，不会中途失足，枉费人生。

把这十卷结合起来，践行"止学"，做到真正自利，能一生平安。

了凡四训中的管理智慧

01《了凡四训》知多少

古为今用，希望从经典中找到解决现代企业管理中一些问题的答案。这次我们要介绍的这部经典《了凡四训》，是袁了凡先生在他69岁时所作。全书分为四部分：立命之学、改过之法、积善之方、谦德之效，主要讲的是如何改变命运。

袁了凡先生，本名袁黄，字坤仪，江苏省吴江县人，是明神宗万历十四年进士，做过宝坻知县，对星象律、水利、礼数、兵备、政治、勘探等都有一定的造诣。

《了凡四训》在近代备受称颂，被称为明代创世之作，融会儒释道三家思想，展现了中国传统智慧，是一部治国齐家、泽被后人的诫子家训，历经百年流传至今。

曾国藩对《了凡四训》非常推崇。袁了凡言，"从前种种，譬如昨日死；从后种种，譬如今日生"，曾国藩因此把名字改为"涤生"。所谓涤者，涤其旧染之污也；生者，洗涤重生，譬如今日生。

《了凡四训》传到日本，对日本社会产生了深远的影响。日本著名汉学家、阳明学大师安冈正笃先生，对本书推崇备至，视其为治国宝典，建议日本天皇及历任首相，应当熟读、细读、精读，凡有志于执政者应详加研究。他认为，《了凡四训》是人生能动的伟大学问。

　　稻盛和夫先生早年有幸读到《了凡四训》，将其作为人生的指导。他说，我邂逅了中国四百年前一部袁了凡先生写的《了凡四训》，原来人生是这样的，有一种顿悟的感觉。后来，他在著作《活法》中又再次提到这部书："我以前研读文化时，受中国一部经典影响很大，这部经典日本原来叫《阴骘录》，后来在中国本土叫《了凡四训》。"

　　2016年8月，在中纪委监察部网站也发过这样的文章，叫《袁了凡：修身积善四训教子》。文章说：《了凡四训》是袁了凡以其个人经历现身说法，训示子孙的家训，俗称"了凡诫子文"。其思想核心是改过、积善，对后世的道德伦理思想影响深远，被誉为"中国历史上的第一善书"和"东方励志奇书"。

　　《了凡四训》用于子女教育，很明显是非常适合的，因为它本来就是一部家训。它也可以用到企业管理中，从经典中去探寻企业管理智慧。

　　看到这个书名，谈到它在企业管理中的运用，首先会想到什么？两个字：修身。这部书用来修身特别合适，它就是一部修身的宝典。

《大学》里说："自天子以至于庶人，壹是皆以修身为本。"木字底下加一横为本，什么意思呢？大树之根，根深则叶茂。修身像浇灌大树的根本使之坚实稳固，枝繁叶茂。修身就是固本，固本以后，你的人生和事业才能发达。所以，古人说"皆以修身为本"。

我建议企业家朋友每天有时间就读一读《了凡四训》，特别是文中一些精彩的段落值得反复学习。修身一定要读《了凡四训》，这是我这些年的感悟。

02 如何进行员工教育

我身边有很多企业家朋友，因为常年读《了凡四训》这部经典受益很大，性格发生改变，命运发生改变，智慧有了显著的提升。那么，除了修身以外，《了凡四训》在企业管理中还有什么重要作用？它能用来做什么？员工教育能用它吗？能用。

立德，也就是员工教育

任何一个企业都会关注员工教育，员工教育怎么做？有什么好的教材吗？很多企业家朋友问过这个事情。目前企业管理的书很多，但是为员工做这种职业道德教育、有针对性的书很少。7年前我写过一部书叫《大学之道》，是写给大学生的六堂修身课。这部书也可以延伸到做职业教育，侧重对象是大学生，所以把它推荐给大家。

《了凡四训》是一部非常好的、完全可以用来为员工做立德教育的书。比如说，在企业里您是否遇到过这些情况：员工不上进、不听话、不敬业、不自觉，自私、懒惰，没有理想，没有目标，说浅了不改，说深了要辞职，很难带，等等。这些情况发生时，您通常会怎么处理？很多朋友说有办法，一个字："管"。他哪里错了我就哪里管，不行我就罚款，再不行我就开除，罚到他心痛就改了，不痛他不改。

可事实证明，这条路走得通吗？问题真的解决了吗？用单纯管的方法，能不能让员工彻底发生变化？很难。为什么？换位想一想就明白了。员工为什么出现这些问题？这些问题发生的根源又在哪里？为什么不上进？为什么自私？为什么不敬业？为什么入职时说得好好的，过了一段时间就不这样了呢？怎么让员工发生改变呢？这些看起来很难，不好解，甚至百思不得其解。

这是现代管理的一个难题，有没有方法解决？谈到管理学，我想，先不谈《了凡四训》，我把管理学给大家做一些介绍。因为我们这个系列既谈经典又谈管理，我一边为大家介绍经典，也一边为大家介绍一些管理学的常识。

管理是怎么一回事

从根本上看，如果我们能了解管理是怎么回事，管理中的这些问题，或许就能找到答案，我们就能发现问题的根源在什么地方。

首先看管理的定义。现代"管理学之父"德鲁克先生对管理做了定义，他说："什么是管理？所谓管理，就是界定企业的使命，并组织和激励人力资源去达成这个使命，二者的结合就是管理。"

德鲁克先生讲了两点：第一，界定企业的使命，把它确定下来；第二，组织和激励人力资源去达成这个使命。去达成要靠人，人在这里称作人力资源，管理很大一块是组织和激励。

后来，我们通过对东方的经典研究发现，管理还可以有另外一种定义：以正确的发心与知见，带领员工创造社会价值，实现人生幸福的过程，就是管理。德鲁克先生的定义，重在说管理的特征、现象、过程和社会价值，而这里说的是管理的方向，是管理者本身要做的事情。

星云大师说过，管理其实就是在考验自己心中有多少慈悲与智慧。管理已经不是单纯管别人。慈悲与智慧再往前探，团队管理的根本原则是什么？经过多年实践总结，团队管理的根本原则指向四个字：成就他人。

如果不从这个角度来谈管理，我们和《了凡四训》之间很难发生连接。《了凡四训》就是修身宝典，就是家训家书，企业管理就是我管你，管和理。所以，首先必须知道管理的实质到底是什么。

各位好朋友，你是否这样思考过？是否想过管理是这么一件事？是从这个角度切入的。那么，顺着这个角度再往前探一步，管理考验的是什么？你的心中有没有慈悲，有没有智慧，有多少慈悲，有多少智慧。我们为什么做不好管理？首先，还没有了解管理是怎么一回事，还没有想清楚管理是考验对方还是考验自己。如果说每个员工不需要管，就能自动自觉地工作，那管理者本身是不需要存在的。管理者存在的意义不是简单地发号施令，而是运用自己的慈悲与智慧做一件成就他人的事，这是管理者。

这个定义和德鲁克的定义是一体的，是在完成企业使命的过程中成就他人，在成就他人的过程中完成企业使命。这两个问题到最后是汇合在一起的。单纯地说完成企业使命，员工可能配合，也可能不配合。如果把完成企业使命和成就员工放在一起，你就会发现，这是一个合理的管理模式。在成就员工的幸福当中去完成企业的使命，在完成企业使命的过程中去成就员工的幸福。这才是管理之道。

员工所有问题的核心是人生的问题

如果想做管理，必须完成一项任务，就是成就他人。想要成就他人，必须了解一个事实真相。我们看到员工出了这么多问题，不上进、不自觉、不敬业，其实，所有问题的核心就是一个问题：人生的问题。

表面看是员工不具备职业素养，我们可能选择把他开除，但把他开除再换一个员工，你能保证就一定好吗？想解决这个问题，必须明白问题的根源在哪里。员工不上进、不敬业，这些都是现象，就现象改变现象是执相而求，执相而求的管理只能一时解决问题，无法从根本上改变。

外在显现的很多问题，如果不从人生的角度去看，永远找不到根源。很多人不上进，为什么不上进？因为他人生方向找不到了。很多人不自觉，为什么不自觉？因为他的人生迷失了方向。很多人堕落，为什么堕落？因为他已经投降、放弃、沮丧、绝望了。这些问题都出在人生这个点上。

人生有两种，一种是明明白白的人生，一种是昏昧迷糊的人生。明明白白的人生会产生很多我们能看到的美德，比如坚强、坚韧、坚毅、坚忍、包容、追求梦想，等等。这个时代也有很多非常可惜的事，堕落、无情、冷漠、自私、伤害他人，是昏昧迷糊的人生外显出来的。

这个话题大家可以慢慢思考。为什么谈这个话题呢？我是做教育的，我一直在思考怎么帮学生立德。不可能通过一个法令、一个要求、一次罚款就能立德，这是做不到的。所以，在如何为学生立德上，我们可以说是苦思冥想、煞费苦心。尤其是我的学生，将来要离开我们走向社会，如果今天为他们立的德是不牢靠、不扎实的，是伪装的、造作的，那么，当他们毕业，他们还会堕落。

这种德是在校长的逼迫下产生的，还是他自觉产生的？我反复思考过，认为是他自觉产生的。那么，在什么情况下自觉产生？就是他对人生彻底明了了。所以，我谈教育的时候，经常说教育的核心，如果是四个字，叫成就人生；如果是七个字，叫以人生成就人生。这是教育最难的，也是最核心的部分。这是我们对教育的理解，德立不住，其他免谈，做不到。不沿着人生这条线去立德，所立的德只能变成一时好看的云朵，忽来忽去，忽聚忽散。

关于人生，有的人学过，有的人没学过，有的人学懂了，有的人没学懂。有位大师说："每个人都拥有生命，但并非每个人都懂得生命，乃至珍惜生命。不了解生命的人，生命对他来说是一种惩罚。"

2013年，我为即将走向社会的大学生开过一个讲座。大学生走向社会缺一堂课——人生课，这堂课不明白，会有很多后续问题，比如抑郁、迷茫。其实，今天这个问题依然还在。

一个人在少年读书时，一旦找到了人生的意义，明白这一生该如何度过，那便是最有意义的学习。这就是一个人在少年读书时要完成的最重要的任务。没有哪个老师敢保证他的学生个个都上"985"，但是有一个共同的使命，那就是一定要想办法让学生在毕业之前，找到他人生的意义，知道今后人生该如何度过。

我当年在这个问题上吃过亏。我也曾经是天之骄子，学霸级的少年，读了大学，毕业去了央企，一帆风顺，可内心就是挥之不去的迷茫。那时也没有什么大目标，目标就是升官再升官，当科长，当处长，争取到局级干部，就这个目标。后来发现，所谓的处级和局级，也没有什么意思，就更迷茫了。

进入社会，目标又很简单，就是挣年薪，PK谁的年薪高，10万20万50万。PK完年薪就PK房子车子，就这些事。其实内心还是很迷茫，至于说做什么最有意义这个问题，不敢想，想也白想，想也没用，因为周边的世界不给你这个机会。偶尔在夜深人静的时候会思考，这一生该如何度过？人生的意义是什么？可是思考完了呢？没有人告诉你答案。

所以，那时候奋斗到一定阶段，突然就没了目标，因为想要的年薪也挣到了，生活也过得不错。我三十几岁做过副总裁，然后就觉得内心很寂寞、很寥落。这是当年的亲身经历。

现在办学校教学生，我想一定要完成一个任务，就是让我们所教的每一个学生都能找到他人生的意义。这样，他就不会走我们当年的路，到了中年没有办法，再停下来学习人生、思考人生、实践人生。

带领员工觉悟人生

我们今天带领员工，要成就他们。从哪里成就？怎么成就？引领员工的第一要义，就是带领员工觉悟人生，去做这么一桩事。我在学校做，你们在企业做，大家做的是一样的。带领员工觉悟人生，这绝对是大事。

过去我们谈管理，尤其是西式管理，很少谈这一块。管理不就是研发、成本控制、安全生产、营销这些事吗？像什么觉悟人生太遥远了吧？似乎有些遥远，但如果我们带领员工觉悟人生，会发生什么奇迹呢？比如敬业、自律、上进、利他等种种美德，都是因为员工觉悟了人生而自然结出的花果。如果不从人生进行破解，我们求这些花果，是无本之木、无源之水。没有哪个企业不希望员工有职业道德，不喜欢那些敬业、自律的好员工，但为什么这种员工这么难找呢？就是着力处不准、不对。没有想过从这个点着力，或者想过，但没有弄明白。

美德到底从哪里来？首先，肯定不是强迫出来的，也不可能是伪装，因为伪装不可能持久。其实，真正的美德都是从觉悟人生自然生发出来的。只是觉悟人生的深浅不一样，觉悟得越透彻，德行越广大。如果一点儿都没有觉悟，几乎就没有美德；稍有一部分觉悟，就会有一部分美德。美德就随着我们对人生不断地觉悟，生发于心，显于行。

我思考过一个问题：坏人为什么选择走那条道路？为什么国法那么严格，他们还要铤而走险？其中，当然有诱惑的原因。但深层原因是，他们可能没有机会思考自己的人生该如何度过的问题，只是被眼前的利益诱惑，被牵着走，没法去规划整个人生该怎么过。

我经常带领学生们学榜样人物，学周恩来总理，学钱学森钱老。我跟学生们说，不仅要学他们的高风亮节、对人类对中国的重大贡献，更深层的是要学他们的人生。他们不是简单的好人好事，他们的高尚是理性的，是自然而然的，是由心流露的。那些社会流行的丑陋，他们是不屑的，他们有所不为，你用多少钱都不可能诱惑他们，因为他们早已把人生看透。他们这些人是不需要法纪来进行威慑的，他们有高度的自觉。

自觉来自他们对人生有深刻的领悟，他们知道人生该如何度过，以恶为耻，以贪污为耻，以自私为耻，以不爱祖国为耻。他们以廉洁为追求，以为人民服务为追求，这是他们的人生。所以，我们如果读不懂他们的人生，就很难走进他们的精神世界，也很难去传承他们的美德。

我们学校有学军事的孩子，学军事先学一个人，朱德元帅。走进他的内心世界，去云南看他读书的地方，去井冈山、去延安看他战斗的地方，去他的家乡看他出生的地方，去北京看他为祖国奋斗的地方。把这个人学透了，看明白了，以他为榜样，我们的人生也会绽放出和朱德元帅一样的美德。

慕贤慕其心。今天我们希望员工有各种美德，"求木之长者，必固其根本"。人生在哪里固本？人生不觉悟，美德难长久。真正的美德属于觉悟者，不是简单现象世界的善恶、高尚和卑微，不是这么简单的。我们发现，高尚的人几乎都是智者，而那些龌龊、丑恶、下贱、伤害社会的人，在他们所有行为的背后还藏着一个东西，叫愚昧。

他们对人生到底是什么不知道，到底在追求什么不知道，到底该怎么追求不知道。他们伤害了这个时代的人，最后也葬送了自己。坏人都是愚痴的人。也就是说，如果我们把孩子的智慧打开，能去觉悟人生，他必然有美德。

同样道理，员工也是这样。员工的职业道德一定是自觉的，如果不从人生来引导员工，我们几乎无法管理他。因为人都会关注自己的人生，关注自己的当下、未来、苦乐、幸福，这是人的本能啊！不从这个点切入，我们管不了。而且，像敬业、利他、自觉、上进，这些职业素养都不是管出来的，或者是这个员工之前受过良好的职业教育，或者是这个员工接受过本企业良好的培养。但如果只是想通过"管"把一些人管得很敬业，管得很上进，很难实现。更何况，很少有人愿意被管理，特别是真正有才华的人。

有的老板说，做企业好难，怎么难？听话的都没有才，有才的都不听话。事实是这样吗？那些真正有才华的人，不愿意被管理，管理对他来说是一种不信任，是怀疑。那么，我们和他在一起怎么相处？共同探讨人生，共同实践人生，共同奔向美好的人生。这是有才华的人希望看到的，如果单纯去管就会很累。

在学校的时候，我几乎很少管老师，也几乎从未批评过他们。你不批评他们，犯错误怎么办？他们是会犯错误的，他们犯错误的时候我很严厉，但每次严厉之后，都是他们成长很快的阶段。很开心，觉得人生又豁然开朗了。就这样，不要去管。管，说明我没有思想，只有手段。说到这里已经明白了，我们要从人生开始说起，进而引发员工的各种美德。

什么是正确的人生

人生从哪里开启？引领员工觉悟人生，用《了凡四训》这部经典。我们需要的是员工的职业美德，员工的职业美德不仅对企业很重要，对员工个人也很重要。而职业美德背后是一个人对人生的正确思考。如果没有这份思考，很有可能是被迫的、伪装的，不是自动自觉的。而想让员工对人生有正确的思考，我们需要读书，读经典，读《了凡四训》。

这部经典用两个字介绍，叫作"人生"；用五个字介绍，叫作"正确的人生"。我们看过很多书、影视作品，可是很可惜，很多人没去研究什么是正确的人生。学校忙着考试，也没来得及教。到了社会，整个社会信息爆炸，我们无法选择，想读两本书，也不知道什么书有用，什么书没用。再看这些经典，文字都不认识，也读不明白，感觉离我们很遥远。慢慢地，我们变得没有思想。

思想指向人生，但是我们不甘于这样，只能发出观点来，观点指向评论，评论指向别人。我们在不停地评论别人，评论这个，评论那个，但是否研究过自己呢？所以，平常人只能这样去过生活，在社会上有一定地位的，只能去发表一些观点，仅此而已。真正围绕人生谈谈思想，难，少，不多见。

我们可能读了很多书，却很少停下来，好好读一本关注人生的书。如果实在没有时间，《了凡四训》应该作为首选，因为它简单实用，直接指向我们自己，能帮到我们。

《了凡四训》说的就是人生，正确的人生。什么是正确的人生？正确地度过这一生。何为正确度过？很快乐，很幸福，很踏实，无悔，无愧。到晚年不后悔，这一生过得很好，是我所追求的，这就可以了。

如果你这一生懊悔、追悔、后悔、彷徨、抑郁、沮丧，这些都不是我们想要的人生。这说明我们对人生很多事情没有看明白，只有观点，没有思想。观点是否正确？不知道。

《了凡四训》一共四篇：立命之学、改过之法、积善之方和谦德之效。大家会发现，前三篇都在说一件事：命运怎么立，怎么积善，怎么改过。最后，加了一个特别重要的——谦德。所以，核心四章哪一个重要？都重要。开篇就是立命之学，是总说。

书中很多有关人生的句子，摘录一些和大家分享：

命由我作，福自己求。

一切福田，不离方寸。从心而觅，感无不通。

世间享千金之产者，定是千金人物。享百金之产者，定是百金人物。应饿死者，定是饿死人物。

……尽情改刷。务要积德，务要包荒，务要和爱，务要惜精神。

永言配命，自求多福。

积善之家，必有余庆。

凡称祸福自己求之者，乃圣贤之言。

大都吉凶之兆，萌乎心而动乎四体。

福之将至，观其善而必先知之矣；祸之将至，观其不善而必先知之矣。

远思扬祖宗之德，近思盖父母之愆。上思报国之恩，下思造家之福。外思济人之急，内思闲己之邪。

志在天下国家，则善虽少而大。苟在一身，虽多亦小。

这些话可以作为人生观来运用。这一生作为人，你相信什么？

113

必有余庆,由何而生?由积善而生。福之将至,由何而来?由善而来。命运谁来掌控?我自己。幸福怎么得到?自己求来的。这个求不是妄求,是踏实的、真实的、正确的行动而得来。

与之对应的还有三句话:"祸福无门,惟人自召。""积不善之家,必有余殃。""祸之将至,观其不善而必先知之矣。"祸和福并没有对哪一个人偏爱,都是自己感召来的。长期做不善的事情,到最后一定出问题,必有余殃。这是我们中国人自己的善恶观。中国人的善恶观,不是简单的美德教育,说你要善,不是这样的,它告诉你善恶连着你的命运。

有人问我:"李老师,你把学生教得这么善良,他们怎么进入社会?"我说,他们不善良,是不是就能适应社会呢?好像也不是。"那应该怎么办?"我说不办。看历史就知道,在近代史上引领我们、帮助这个时代的那些人,是恶人还是善人?既然如此,我们怕什么呢?所以,这种担心,深层原因是自身的善恶观不坚固、不扎实。是否相信祸之将至,观其不善而知之?是否相信"祸福无门,惟人自召"?是否相信积不善之家,必有余殃?是否未来的人生在善上多力行?所以,中国人谈的善良不是愚善,不是简单的好人好事,它是立命之学。

我们想过吗?为什么我的孩子考上很好的学校,一生没有大的作为,甚至锒铛入狱?你教过他人生观吗?你教过他正确的人生之路吗?如果这些懂了,每个人都可以开创属于自己的幸福人生。无论做什么行业,无论有怎样的学历,如果能去积善,能去修善积德,都会有自己的幸福人生。这是中国古人所坚持的真理，只看后人是否愿意相信和实践。

幸福人生有三大法宝，就是我们自己对中国人的评价，叫勤劳、善良、智慧。一个人，如果他这一生具备这三个美德，一定会幸福。反过来说，这个人这一生不幸福，你会发现他缺东西了，要么缺勤劳，要么缺善良，要么缺智慧。而这三个用到职场，就是三大最主要的职业美德。勤劳就是经验，善良就是利他，智慧就是专业化。也就是说，有能力做成事。

如果员工敬业，每天去利他，做事很专业，有工作能力，不正是我们想要的吗？这三者，既能承办在企业的事业，也能成就自己的幸福人生。所以，职业人生也是人生。职业化属于人生的一部分，并不以单纯的管理而存在，职场管理离不开人生这个话题。

离开人生谈职场，怎么谈？只是一个概念名词，要敬业，要上进。他不敬业，拿他怎么办？他为什么敬业，不仅是因为他有良好的职业素养，更因为他明白人生该如何度过。敬业，不用别人来监控，这是我自己的人生之路。专业化，这是我的尊严、我的立场，这是我奉行的人生准则。我不是靠别人逼迫来利他的，不是靠别人逼迫来为我的客户、我的员工着想的，这是我的文化、我的价值观。

所以，到这时就明白了。作为企业，要帮员工去明道立德，明了人生幸福之道，让每个员工实现他能够实现的幸福。

立的是什么德？就企业来说，立的是职业之德；就个人来说，立的是实现人生幸福之德。两者是一体的。要想立德，先要明道。

企业可以成为积善之家，一个人可以成为积善之人，大家一起行动，福之将至。福之将至，不就是幸福来敲门吗？它为什么来敲门了呢？观其善，而必先知之矣。

所以，古人谈管理，三句话说完了。第一句话，"大学之道，在明明德"。第二句话，"在亲民"。第三句话，"在止于至善"。这就是古人说的管理。首先，自己先明明德，把人生弄明白，有很好的智慧，然后亲民，止于至善，也就是明道立德，导员工向善。这个善展开来看，就是今天我们所看到的那些职业美德。

现代人对这个善真的有很多误解，可能是因为传统文化有一点儿失传，一提善，总觉得有很多不同的味道。善被人欺负，善有点儿傻，善没必要，善何必呢，善不重要，会有这种概念。我们把善展开，看完和它相关的一些词，会有新的理解。比如说在职场，我前面举了很多次利他，利他和善可以作为同义词。

各位朋友，我想您做企业，一定希望员工是利他的。员工如果自私，这个企业转不动，客户也会不满意。职场很重要的核心美德就是利他。

所以，如何成就员工？

第一步，学习《了凡四训》；

第二步，和员工一起觉悟人生；

第三步，带领员工一道行动，奔向幸福。

这就是成就员工的过程。通过学《了凡四训》来达到明理，通过觉悟人生来立德，通过行动来实现幸福。

《了凡四训》学习实操

具体学习方法，给大家推荐一下，可以有这样三个步骤：

一、熟读全文。

二、背诵重点句。

三、结合经典，问题研讨。

比如：第一，幸福人生是什么样的？第二，幸福人生究竟从何而来？第三，如何在职场实现自己的幸福人生？

这些问题就很关键了。不要逼迫人，共同探索如何在职场实现自己的幸福人生？怎么实现它？我们发现，哦……答案找到了，那就是具备我们本来就应该具备的那些职业美德。找到答案以后，结合自己的工作岗位研讨具体的行动计划。

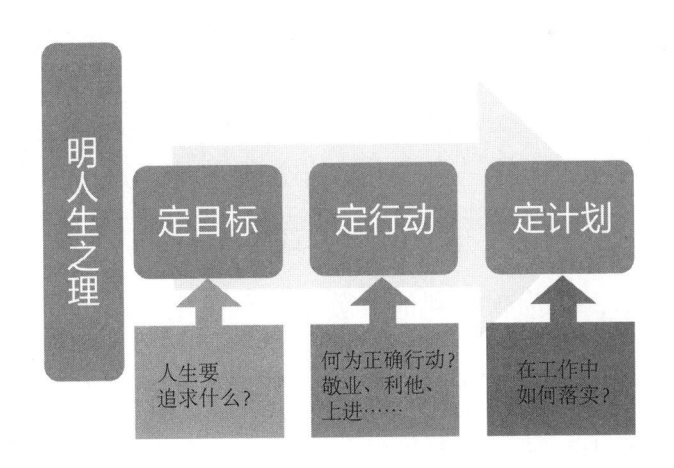

```
明人生之理 → 定目标 → 定行动 → 定计划
            ↑         ↑         ↑
        人生要     何为正确行动？  在工作中
        追求什么？  敬业、利他、   如何落实？
                   上进……
```

通过读《了凡四训》，把人生道理弄明白了，反复读、研究，然后三定——定目标、定行动、定计划。首先，和员工说明白人生要追求什么。注意，不是管别人，不是提要求，而是去探讨人生要追求什么,大家是平等的,每个人都需要探讨这个话题。但探讨的前提是,自己要先学明白。自己如果是糊涂的,不可能带好员工。

知道这个目标了,就思考怎么去行动,做什么能实现这个追求和目标?何为正确的行动?这时就会发现,正确的行动就是敬业,就是利他,就是上进。实现职场中那些应该实现的道德,都是人生幸福的重要行动。

最后,定计划。在工作中如何落实,如何做得更好,去一步一步奔向我们的幸福。知道人生的方向,知道怎么去行动,企业就进入自动运转了。

具体做法有很多。比如,书中记载的施行善事三千条,以报天地祖宗之德,这是一个做法。书中又说:"余行一事,随以笔记。汝母不能书,每行一事,辄用鹅毛管,印一朱圈于历日之上。"每天做一善,盖个印都很好。古人叫善,今天我们换一个词:"职业化",都是一样的。

方太集团有"五个一"文化,非常能落地,这里郑重推荐。哪"五个一"?立一个志,读一本经,改一个过,行一次孝,日行一善。在企业中,何为善?利他、敬业、专业化、诚信感恩、爱国孝亲、敬老携幼都是善。什么是携幼?培养年轻的大学生。什么是敬老?尊敬老员工,挣的工资攒起来孝敬父母;热爱自己的祖国,尊重自己的职业;能为他人着想,为客户着想,并不断提高自己的专业化,对客户讲诚信;客户给订单要感恩……这些都是善。大家都这么做了,企业就发展了,必有余庆。

所以，《了凡四训》可以用于个人，也可以用于企业，道理是一样的。书中具体讲了十种善：与人为善，爱敬存心，成人之美，劝人为善，救人危急，兴建大利，舍财作福，护持正法，敬重尊长，爱惜物命。很多在企业中是能够落实的，这些都是立命之学，都能帮我们改变命运。把这些落地，可以做个表格跟员工一起探索。

比如，把在企业中与人为善、爱敬存心的做法整理出来，对客户、对产品、对设备爱敬存心；要成人之美，成客户之美、成同事之美、成国家之美；劝人为善，看到别人做错的地方劝告他、提醒他，告诉他这么做对自己有害处；救人危急，员工家里遇到困难了，我们每人出一点儿钱，凑一凑，把难关渡过去；舍财作福，一年工资挣得还可以，国家遇到困难了，我们捐一点儿，自己也得福；敬重尊长，对老员工有一份敬重之心，向人家学习；爱惜物命，企业有成本控制，企业的产品、设备都要保护，不要糟蹋。这些都是善，都是本来应该做的。领导看见了表扬，看不见也去做。你的善多了，命运就改变了。

很多事情都可以落实到企业，《了凡四训》这部经典和企业是可以对接的。古人没有谈企业，但思想是一贯的。这里最关键的是明理和践行，一定要把这本书的道理弄明白！什么道理？人生之理。所以，读这本书重点是觉悟人生。能够觉悟人生，算读懂了。明白人生要这样去做，然后去践行，把它变成你的实践。以行而知，以知而行。你不去行，命运不会改变。

一分耕耘，一分收获，谁践行谁得道。用这部经典的时候，在这两个点上发力，反复带员工读书，以达到明理。直接定计划、定落实方案，并定期互相鼓励、互相提醒、互相长善，提倡践行之风。在理上和行上反复着力，"德日进，过日少"。

员工的职业道德并不是一蹴而就的，需要经常学、经常提醒、经常鼓励、经常长善。如果员工能"德日进，过日少"，就算学对了。并不是说今天拿这本书一看，明天立刻全变了，做不到。要给员工成长的时间，立德后再修专业，德才兼备，共享未来。员工德有了，再领员工学专业，怎么做产品，怎么做销售，怎么控制成本，怎么抓安全。把这些学好了，有德有才，企业的未来和个人的未来就都有了。

前面的内容再梳理一下：企业导入《了凡四训》做员工的职业教育，也就是从人生，从正确的人生入手，让员工知道该追求什么，该如何去做。员工懂得了什么是正确的人生，自然就有了职业之德。把这些职业之德固化下来，形成持续的行为，并提升到专业程度，这就是我们最想要的员工教育。

员工的职业道德不是被管出来的，是看我们心中有多少慈悲和智慧。所谓慈悲是为他着想，所谓智慧是引领他、唤醒他、帮助他、成就他。这是管理的工作。前提是我们自己学会、弄懂、看清楚，所以，管理者自身要先学习。自己得相信，如果不相信就没办法了。

用《了凡四训》打开职业道德教育的结。在这个过程中，不是去忽悠员工，是真的想去成就他们。不是说"你们都读《了凡四训》，从今天起要做一个善良的人"这么简单的，而是告诉员工：你们要热爱自己的人生，企业为你们提供平台，你们在这个平台上尽情地学习、尽情地绽放；企业好，你们好；你们好，企业好。一起好，是这么一个过程！

也就是说，用《了凡四训》这部经典找到人生的密码，以此来推动人生立命之德。把立命之德建立在职业化上，从而培养出一批明明白白的职业人。有了这样一批人，就节省很多时间，就可以探索怎么做出更好的产品，怎么更好地利益客户，怎么相亲相爱，怎么共享幸福。而不是每天把大量时间放在是是非非、长长短短，那会很浪费时间的。

让企业进入智慧的频道，让所有员工进入正确的人生轨道。读经典，悟人生。用经典的力量到达幸福，是这么一个过程。

03 "改过三法"在企业管理中的应用

前面讲到用《了凡四训》推动员工教育，思维方式就是读《了凡四训》，明理、育德、育才。把《了凡四训》作为员工的人生教材，使员工能够觉悟人生，找到人生的追求、方向和价值，进而升华为职业道德，从而推进职场中的专业学习。

我们先来看一个话题：在管理中，如果员工犯了错误，您通常会怎么办？

举一个具体的例子。假设您是一家世界有名的针织品公司负责生产的主管，有一天，车间生产了一批衬衫，但是成品有一些脏的痕迹。一共有20多箱，这批衬衫让您来处理。请问，您如何处理？您会采取什么样的措施？您的朋友一看，说："哎哟，连个衬衫都做不好，很简单，罚款。罚到他们害怕，再也不敢犯。""把他们叫过来批评、训斥，狠狠地教训一顿。""谁搞的？为什么这么简单的事情都做不好？做一件衬衫都能做脏了？"很多管理者可能真的就是这么做的。对员工只有一个字,就是"管"。常用两个字,就是"罚款"。

每天手里拿一沓罚款单,像交通警察那样,不行,扣你三分,认为这就是企业管理。冷静思考一下,这么做,问题解决了吗?我们敢不敢保证员工在接受罚款后,就再也不发生类似的问题了?员工在接受狠狠批评后,他们是很害怕的,害怕会带来什么负面的结果?如果员工每天上班战战兢兢,人人自危,这样一家企业会有活力吗?会有创新吗?会有主动担当吗?所以,罚款似乎不是最佳的解决方案。那么,怎么做是合理的呢?

"改过三法"是什么

《了凡四训》谈到"改过三法":事上改,理上改,心上改。帮助员工改正过失,用三种改法,层层递进。第一层,在事上改。第二层,在理上改。第三层,在心上改。

具体是什么内容呢?我们来看原文:

> 然人之过,有从事上改者,有从理上改者,有从心上改者。工夫不同,效验亦异。
>
> 如前日杀生,今戒不杀;前日怒詈,今戒不怒。此就其事而改之者也。强制于外,其难百倍,且病根终在,东灭西生,非究竟廓然之道也。

善改过者，未禁其事，先明其理。如过在杀生，即思曰：上帝好生，物皆恋命，杀彼养己，岂能自安？且彼之杀也，既受屠割，复入鼎镬，种种痛苦，彻入骨髓；己之养也，珍膏罗列，食过即空，疏食菜羹，尽可充腹，何必戕彼之生，损己之福哉？

又思血气之属，皆含灵知，既有灵知，皆我一体。纵不能躬修至德，使之尊我亲我，岂可日戕物命，使之仇我憾我于无穷也？一思及此，将有对食伤心，不能下咽者矣。

如前日好怒，必思曰：人有不及，情所宜矜；悖理相干，于我何与？本无可怒者。

又思天下无自是之豪杰，亦无尤人之学问。行有不得，皆己之德未修，感未至也。吾悉以自反，则谤毁之来，皆磨炼玉成之地，我将欢然受赐，何怒之有？

又闻谤而不怒，虽谗焰薰天，如举火焚空，终将自息；闻谤而怒，虽巧心力辩，如春蚕作茧，自取缠绵。怒不惟无益，且有害也。

其余种种过恶，皆当据理思之。此理既明，过将自止。

何谓从心而改？

过有千端，惟心所造；吾心不动，过安从生？学者于好色、好名、好货、好怒，种种诸过，不必逐类寻求；但当一心为善，正念现前，邪念自然污染不上。如太阳当空，魍魉潜消。此精一之真传也！过由心造，亦由心改，如斩毒树，直断其根，奚必枝枝而伐，叶叶而摘哉？

大抵最上治心，当下清净；才动即觉，觉之即无。苟未能然，须明理以遣之；又未能然，须随事以禁之。以上事而兼行下功，未为失策；执下而昧上，则拙矣。

以上文字，出自《了凡四训》的第二训——改过之法，详细介绍了改过有三法：事上改、理上改和心上改。

什么是"事上改"？文中说："如前日杀生，今戒不杀；前日怒詈，今戒不怒。此就其事而改之者也。"什么错了就改什么，哪里错了就改哪里。这就是"事上改"。

什么是"理上改"？文中说："善改过者，未禁其事，先明其理。"又特地举了两个例子，一个杀生，一个治怒。总结说："其余种种过恶，皆当据理思之。此理即明，过将自止。"未禁其事，先明其理，其理即明，过将自止。这是在理上改。

什么是"心上改"？"何谓从心而改？过有千端，惟心所造；吾心不动，过安从生？学者于好色、好名、好货、好怒，种种诸过，不必逐类寻求；但当一心为善，正念现前，邪念自然污染不上。如太阳当空，魍魉潜消，此精一之真传也。过由心造，亦由心改，如斩毒树，直断其根，奚必枝枝而伐，叶叶而摘哉？"

这是从心上改，"吾心不动，过安从生？""一心为善，正念现前。"这是从心上改的秘诀。

那么，这"改过三法"在管理中该如何运用？书中对"改过三法"做了综述，对于企业管理非常有启发。

书中说："大抵最上者治心，当下清净；才动即觉，觉之既无。苟未能然，须明理以遣之。"没做到怎么办？理上改。假如"又未能然"，"须随事以禁之"，事上改。

"以上事而兼行下功，未为失策；执下而昧上，则拙矣。"以心上改为"上事"；"兼行下功"，同时在事上改。

如果只是在事上改，"执下而昧上，则拙矣"。前面提到的那个案例，衬衫成品有污浊的痕迹，如果我们就是罚款、罚款再罚款，这就是"执下而昧上，则拙矣"。这么做不够精妙，不能达到效果。应该怎么办？以上事而兼行下功。

员工犯了错误，我们该怎么办？帮员工改过。看看书中的做法，可参考借鉴。

《了凡四训》说到"改过三法"，首先是"最上治心"，然后是"明理以遣之"，再是"随事以禁之"。各位管理者朋友，大家把这十四个字背下来，反复琢磨它怎么运用。"最上治心"是最高明的改过之法，要去治心，然后"明理以遣之"，用道理去推动他、去影响他，最后"随事以禁之"，在事上纠正过来。

这三者在管理中都能用上，而且越往上用越好用。若三者全用，员工必然能够"德日进，过日少"。

"改过三法"之事上改

接下来,为大家详细讲解"改过三法"如何联合运用。

再来看看前面的案例,车间出了一批衬衫成品有脏的痕迹,由您来处理,怎么办?

首先看如何化解。先用哪一个改过方法?先用最简单的方法——从事上改。怎么从事上改?查找问题的漏点、源头。

对员工罚款,员工是接受罚款了,可是员工也不知道问题由什么引发的,不知道怎么改,很有可能罚款后,又出一批这样的成品。再罚,罚来罚去,把员工给罚晕了、罚蒙了。好比课堂上您问:"1+1=?"一个孩子举手说等于3。您说错,他就说等于4。您说错,他就说等于5。……您再这么下去,他都乱了。为什么乱?他不知道正确的答案是什么。

所以,解决的方法就是按流程进行倒查,看一看是哪个环节出问题了。可能是操作工人的手有油渍,有染污,那就叫操作工人把手洗净;可能是机械设备需要定期擦拭了,那好,把机械设备擦一擦;可能是仓库需要打扫了,仓库在出料时污染了原材料,还有可能是进原料时,原料本身就有污渍,把原料再检查一下。这个流程倒推,成品经过了哪些工序,是哪一道工序造成了污渍,问题就能解决。

然后,修订相关的制度,保证整个生产过程是干净的。找漏点,漏点被排查出来了,问题基本就解决了,并补充相关的制度。比如原料检查制度，库房清洁制度，设备保养制度，工人净手制度，等等，保证这类事情不再发生。

这就是从事上改，这个方法很简单，也很实用。

骂人也不要着急罚款，要看一看问题到底是在哪个点上发生的，从哪个点发生的就从哪个点改起。

第一，标准问题。产品质量的整个标准没有定下来，员工不知道什么样的成品是合格的。当成品出问题时，员工没有标准，没有及时查出。

第二，流程问题。标准有，但流程对不上，有问题，产品质量不能得到保障。流程没问题，但是工人做不到，做不出这么好的产品，工人的技术能力不足，这也是有可能的。

第三，用人问题。产品都做不好，这时候要人员调整了。

根据这些事项来看，问题从哪个点出现就调哪个点，并不是一个简单罚款就能解决问题，要在标准、流程、工艺、用人上反复下功夫，要到一线去和工人们一起做检查，确定什么样的产品才是合格的，优秀产品的整个制作流程是什么样的。确认全流程的人员是否娴熟掌握了先进的制作工艺，所聘用的人员是否合格，等等。在这些点上反复对照比较，就能找到问题的根本点。

像我们办教育，很重视教育中的一个环节——课堂教学。想抓好课堂教学，要抓什么呢？

首先就是抓标准，要告诉老师一堂好课的标准到底是什么。让孩子在每堂课上都成长，而且这个成长与他未来相关，与他的人生相关。不浪费学生一分钟，所讲的内容能够真正为学生所用。这是标准。而不在于课程讲得多么花哨，多么精彩。标准在于能不能让学生真实受益。

标准制定好了，然后就是流程。比如前期的备课，中间的讲课，课后的总结、评课，这个流程要做好，保证不是仓促应战。

最后，讲工艺，这里说的是讲课水平。这堂课40分钟，前、中、后怎么划分？像我们要求是"262划分"。什么叫"262"？前面20%这八分钟，用来做导入；中间60%这二十四分钟，以学生为主体，进行课程学习；最后20%这八分钟，做总结或评价。

一堂课内容不宜多，要精准、精湛。学生真学了，真受益了。然后，在每一个点上教老师如何设问，如何长善，如何解惑，如何导引，如何传道，这是我们授课的工艺，要专业地去教。也有的老师无论怎么教，临场都发挥不出来，这说明用人有问题，这个老师可能不适合教学，要作出调整。

在我们学校初创的时候，关于老师们如何授课，我曾经多次带领他们做教研，并为他们写书。课堂上怎么给学生长善，什么叫作长善，长善的目的是什么，这些我都写过。

课堂教学，校长要亲自抓，这叫在事上改，不教大家是真的不会。为了教他们，我们总结了很多实践经验。比如说"四把钥匙"：上施下效、始作善、长善、顺其善（愿）而教。比如"十六字方针"：接受、相信、陪伴、等待、关注、发现、鼓励、祝福。老师们在娴熟地运用。

不给这些实用工具，大家不知道怎么做。所以，管理者不是高高在上，而是必须帮助员工、辅导员工、教导员工、引导员工，要做很多细致的工作，直到整个流程、标准、工艺、用人都相对合理的时候，自然就会出好的成品。这些都属于在事上改，作用很大。

"改过三法"之理上改

什么叫"理上改"？书中说："未禁其事，先明其理。"一明这个理，事情自然就明了。书中又说："此理既明，过将自止。"作为管理者，一定要有让员工明理的功夫。他为什么会错？为什么不能犯这样的错误？这样的错误将为企业和个人带来什么？这个理要讲清楚。

那么，到底要讲什么理帮员工改过呢？

大家看这个图，一端叫"服务他人"，另一端叫"利益自己"。画上一个圆，意思是我们服务他人就是利益自己，要想利益自己，一定要好好地服务他人。

服务他人 ———— 利益自己

当一个人道理不明白的时候，就想偷点儿懒，工资多挣点儿，下班早一点儿，活儿轻一点儿，领导检查少一点儿，老想这样。他不知道如果不能好好服务他人，最终受损失的一定是自己。所以，这个道理要经常、反复地跟员工讲，直到员工真的明白。

具体说，包括为客户着想就是为自己着想，为企业着想就是为个人着想。只有为客户着想，客户才能信任我们；客户信任我们，才会和我们长期合作；长期合作，我们才有了生存的依靠。

我们能够挣工资、涨工资、学文化，过上幸福的生活，为企业着想，企业繁荣发展了，我们个人的工作就稳定了，就不用总去跑人才市场了。在稳定中，我们的技术能力不断提升，工资越来越多，工作越来越熟悉，做人越来越踏实。

所以，不为客户着想，不像傻子一样吗？不为企业着想，那不是糊涂吗？我们人人都不要做傻子，都不要做这种糊涂事。我经常跟管理者说，我们在企业倡导不说傻话、不做傻事。"衬衫成品带着污渍还要出厂，这能行吗？""管他呢，反正客户看不见。"客户看不见吗？这不是说傻话吗？客户提要求了，你都不管？不要说傻话。

顾客说："你们能不能明天早上7点半给我送货，我8点要用。""对不起，没时间。"这是不是傻话？顾客说："这个产品再帮我调一调，这块儿我觉得不大对。""我不会，没时间。"这不是在做傻事吗？所以，一个企业从上到下，养成一个好习惯，都不要说傻话，都不要做傻事。

什么叫傻话、傻事？不为顾客着想，不为企业着想，那就是跟自己的饭碗过不去，企业怎能发展起来呢？所以，要跟员工反复讲这个道理，讲清楚。在企业养成一个习惯，叫"顾客第一"。

我们办学校，道理是一样的，我们要"学生第一"。

我经常和老师们谈，如果没有学生，哪有老师？如果没有学生，哪有学校？如果没有学生，还有教育吗？学生如果都不信任我们，我们做老师做一辈子，学生都不回来看我们，作为老师是很凄凉的。我们怎么教他们的？学生会怀念我们吗？

那到底什么叫"学生第一"？学生的人生第一，学生的未来第一，学生的身心健康第一。在这个问题上，是刚性原则，谁都不能碰；谁碰，都要做深刻反思。

做一家企业，必须有自己的主张。如果我们的管理者带头怠慢顾客，那就是犯傻，甚至还想办法研究怎么掏顾客的钱包，把顾客的钱变成自己的钱，不择手段。这都是什么理论？这么伤害顾客，市场能维持多久？

前两天看了一个视频，有位市委书记说："每一位机关单位的工作人员的工资，都是纳税人给你提供的。从这个意义上讲，你就是企业的打工者，你就应该为企业提供服务，你没有任何理由不对企业提供服务。如果你连为企业服务都做不到、做不好，你也谈不上为人民服务。"话是大白话，说得可真在理。有的政府机关干部在为百姓服务时，也在说傻话："对不起，没时间。""材料不足，请下次来。"或者开始训斥，服务态度不好。

那你想想，你的工资从哪儿来的？如果纳税人都不工作了，工厂都不景气了，你还有工资吗？机关干部的工资是纳税企业提供的，企业员工的工资是顾客提供的，这是最简单的道理。我们拿着工资，为顾客提供服务是天经地义的，没有任何理由不为顾客提供服务。服务不好，是不够专业；不想服务，那就是犯傻，就是愚痴。

愚痴的人应该明白这个道理，不能再犯这个错误了，怎能拿着不好的产品去凑合、去应付顾客呢？那不是毁掉自己的市场吗？这个道理很简单，不要犯这样的原则性错误。

你在企业任何一个岗位，都有你对应服务的顾客。如果你不知道你的顾客是谁，不知道顾客的需求是什么，那就是不称职，更是对自己不负责。在企业中，有的岗位对应的是外部顾客，有的岗位对应的是内部顾客。层层的服务顾客的流程形成一个顾客服务链。

可能有的岗位不是直接针对顾客的。比如说我是仓库保管员，我不是市场销售，我没有把产品直接销售给终端企业，那我有顾客吗？当然有，有内部顾客。一家企业的任何岗位都有对应的顾客。

像我们学校，除了孩子，还有谁是我们的顾客？家长。家长如果不懂教育，不可能把孩子培养好。所以，我们必须提供足够的服务给家长。家长不是我们批评的对象，更不是跟我们对立的矛盾方。我们应该为家长提供服务！所以，从创校之初到现在，我们坚持常年为家长服务，成立了家长服务部门。

我自己每年拿出大量时间为家长讲课。有人说，您为什么这么做？我说，这是我的本职工作。我把我的电话、微信、信箱公布给家长，他们有事可以找我。办学期间真的发生过几次，家长来找我了。

有的是班级教学家长不满意了："校长，我想和您谈。"我说："好，过来吧，不要紧。"他说："校长，真对不起，学校很用心教，但我们觉得这些点是不是需要调一下？也不知道这些建议对不对，说给您听，希望您不要介意。"我说："怎么能够介意？听从你们的建议，不就是我的本职工作吗？谢谢您提出这么好的建议，我一定想办法来帮忙化解。"不能让家长为难。

家长在企业经营中遇到了困难，我们为家长提供企业课程，想各种办法帮助家长，共渡难关。尤其是三年前企业遇到疫情，有些家长本身又是企业家，我们来帮他。这是一种服务关系，不是领导和下级关系，不是学校在上，家长在下。不能把家长训一顿，说："您的孩子考得最低，成绩那么差。"孩子成绩考得差，难道不是学校的责任吗？没有把人家的孩子培养成才，学校是有责任的。学校的专业是做教育，家长不是。

所以，什么叫"家校共育"？家校共育的原则是学校带领家长一直往前跑，而不是学校要求家长，把责任推给家长。这叫家校共育。这是我们多年坚持的原则。我们这些年，从不指责家长，也从不难为家长，就是帮助他、指导他、携手共进。这才是我们应该做的事情。"只有这么做，也没有评价，怎么干都行。"

有些企业，在文化上也没有给员工讲清楚，干好干坏对企业、对个人的影响是什么，干与不干对企业、对个人的影响是什么。所以，很多企业在制度、在文化上没有去抓，只是很模糊地在推进工作——员工上班，一杯茶、一张报纸，歇了半天，一天过去了，企业不管。

深层原因是什么？这些问题没搞明白，长期下去，会导致企业走向衰败。到最后，企业亏损，员工也失业了。这样的结果谁都不愿意看到。所以，企业出现很多错误，往深挖，都是有原因的。

我们说"顾客第一"，在制度上，在文化上，都要充分体现出来。而且，要能明白为什么顾客第一？为什么要时时为顾客着想？从产品质量，到交货期，到售后服务，为什么要为顾客着想，它是有原因的。

不能签合同的时候满口答应，一到交货就推三阻四，这样下去就没人和你合作了。不仅是企业，我们希望学校也好，机关也好，都能建立这样的意识。

"改过三法"之心上改

书中说"最上治心"——管理最难、最高端的是"治心"。

为什么要从心上改？第一，"强制于外，其难百倍，且病根终在，东灭西生，非究竟廓然之道也"。员工心没有转，只是在外去强制，这个难度很大，且病根终在。病根在，就会东灭西生。什么叫东灭西生？这边把问题处理完了，那边又有新的问题。衬衫不出问题了，西装又出问题了。为什么会东灭西生？病根在哪里？病根在"心"上。

员工的心出问题了，这颗心不热爱企业，不热爱工作，不关心顾客的需求，他只想偷懒。或者，他对企业有意见，对管理者有抵触，他得心病了。这有可能是他自身带的，也可能是管理者造出来的，都有可能。当他带着情绪工作，免不了出问题。

昨天车间的水龙头没关好，水流了一个晚上，损失很大。员工说："我走时可是关好的，有检查记录，和我没有关系。"他开始找借口。"有可能是水龙头没装好，自己漏出来的。"还有借口。或者，员工明明看到水龙头在哗哗流水，他也不管，"反正和我没关系，上个月刚扣完工资，正好让你也损失一点儿，我想报复"。都是这种心理，员工的心受伤了，就会出很多问题。

书上说："过有千端，惟心所造。"这个过错那个过错，各种过错，从哪里开始的？心，是心出了问题。大家要记住，不管我们的制度多么严密，也很难做到全流程覆盖。比如说，我们答应了顾客交货期，要准时为顾客送货，但是，由于疫情运输不便，空运、陆运都过不去了。这时候，靠的是什么？靠的是员工的心。有为顾客着想的心，就能想出办法来。如果没有，就会找各种理由。不能如期交货，导致企业和顾客方都受损失。

一家企业，员工的各种行为，表面上是制度在影响、操控，其实取决于什么？取决于这颗心。这颗心如果不对，过有千端，会出现各种过错，而且不好纠正。要想纠正，必须从哪里纠正？从心上。若不从心上改，改不了。所以，书中又说："过由心造，亦由心改，如斩毒树，直断其根。"过是由心造出来的，从根本上怎么改？得从心上改。像斩毒树一样，直接把根斩断。

有时候是员工好心办错事，有时候是故意犯错。这些可能都有，都是心上的问题，只有从心上能解决。那么，从心上改的第一种方法是什么？要生起惭愧心。员工犯错误时，我们一定要想办法让员工生起惭愧心、大惭愧心，只有这样，他才可能改正错误。

你到车间处理这个事情，一定要观察犯错误的人，看他心中有没有惭愧。衬衫脏了，你在事上改，你在理上改，改完了，可是员工感觉也没什么，以后就可能还会出现类似的错误。所以，我们作为管理者，有一个非常专业的要求，就是怎么做，什么样的行为才会让员工生起惭愧心，自愿改正错误？这是管理的高端技法。

大家注意看，员工这个惭愧心可能是他本身就有的，也可能是我们的管理行为正确而生出来的，这是管理者的高妙之处。真正的高手，不是去狠狠地训斥、发脾气，而是让犯错误的员工内心生起惭愧，觉得对不起企业，对不起同事。"领导，真不好意思，我一定好好改，再也不让您操心了，真对不起！"是这样一种状态。所以，我们要做一个研讨，这是管理的高端训练。员工犯错误了，不着急说错误，不着急事上改。事上一定要改，但先从心上改。

心上怎么改？第一种方法，让员工生起惭愧心。关于如何生起惭愧心的问题，我相信很多朋友会有答案。比如，当员工犯错误时，领导者敢于担当，不推诿，负主要责任。领导者首先自我反省，有没有以身作则？在这个问题上重视了吗？在流程、标准、工艺上，有没有给他们做示范？领导者要反思，这些问题有没有教过他们，教得对不对？另外，得内求，员工是我选的，流程是我定的，工作是我分配的，出了问题一定有我的过失。

在一个组织，员工犯错误，大家记住，管理者一定是有责任的。如果你不知道，那叫失职；如果你知道了没管，那更叫失职。

管理者这个位置，本身就是要去发现问题，帮助员工化解和解决问题的。员工如果自己都做得很好，就不需要管理者了。员工一定有很多做不到的地方，这时候需要谁站出来？管理者。所以，管理者不是每天背着手在车间转来转去，拿着制度说："罚款，罚款！"那样的管理者谁都可以做，管理者是需要出答案、担责任的。

老师们不会讲课，那我作为校长，我要站出来开展如何做教学的专业培训；老师们不知道如何育人，我们要停下来做年度育人大教研。老师们不会的，都是我应该想办法让他们学会的地方，不能把问题推给他们。久而久之，形成这样一个良好风气，让他们觉得明明是自己犯了错误，领导却担了过失，真对不起领导，心生惭愧。

所以，员工为什么有惭愧心？因为领导有惭愧心。什么惭愧心？自己没有做好，没有教好。管理者心里有惭愧，员工才有惭愧；我们心中全是斥责，员工心中全是找理由，你越斥责，他越找理由。"不怨我呀，他的事"，借口都来了。"我也没有想到，您也没有教我，我怎么能知道？"各种理由。然后你说："这批员工怎么总是找理由呢？"不是员工喜欢找理由，是管理者带了不好的头，叫带头找理由。我们总是习惯把问题推给下属，这不是找理由吗？如果我们去担当，我们心里有惭愧，员工也会惭愧，员工觉得对不住我们，认为自己没有做好。然后，再坐下来说应该怎么改变。

所以，大家注意看，优秀的管理者能让员工心生惭愧，并积极改正错误，这是高手。所以，管理是应对高难度挑战的智慧，不是学个 MBA，去家企业做高管，就能成为一个称职的管理者。管理最难的是心法，谁的心？自己的心和员工的心。

和大家分享一个故事，海尔创业的时候冰箱出了问题，他们是怎么处理的？

"你看，你看，连个螺丝都拧不紧，一共有多少台？"

"七十六台。"

"人来得差不多了，大家看看这批产品，不是这儿戳个窝，就是那儿划个道，不是螺丝没拧紧，就是线头没焊牢。一共七十六台，都是这种问题。可能有人会说，这都是小毛病。不错，都是小毛病，离标准就差那么一点点。可就是这么一点点，却总是做不到位，为什么？质量、质量，我们不是在天天讲天天练吗，怎么就是引不起大家的重视？德国的生产线，德国的零部件，人家还派了专家指导，怎么会干成这样？我们究竟比德国人少了什么？我看啊，不缺胳膊不少腿，就少了一样东西——质量意识。"

"凌厂长，您真的要砸，没别的办法？每台冰箱都贴上了责任人的名字，谁出的问题谁砸。这台冰箱有三处毛病，三个责任人。李大茂，你是车间主任，你来砸。"

"我们三年的工资都买不了一台冰箱，咱们大伙买了吧。谁的责任谁买，钱从工资里扣。买了，我们大家自己买了。"

"凌厂长，七十六台冰箱，将近20万呢。砸这么多呀？"

"心疼啊心疼！"

"你心疼？我就不心疼这些冰箱？每一台都是大家用血汗造出来的。它们就像我们的孩子一样，可大伙儿看看，把它们弄成这个样子，大家心疼不心疼？长久以来，我们有一个荒唐的观念，把产品分成合格品、二等品、三等品，还有等外品。好东西卖给外国人，劣等品出口转内销自己用，难道我们天生比外国人贱，只配用残次品？这种观念助长了我们的自卑、懒惰和不负责任，难怪人家看不起我们！从今往后，海尔的产品不再分等级了。有缺陷的产品就是废品，把这些废品都砸了！只有砸得心里流血，才能长点儿记性。"

"凌厂长，不能砸呀！您处分我吧，您撤我的职，您扣我的工资，不管怎么样，别砸这些冰箱。"

"今天不砸了这些冰箱，将来人家就会来砸咱们的工厂。"

凌敏砸毁七十六台冰箱的壮举，唤醒了海尔员工的质量意识。为了使产品质量达到高标准、零缺陷，他在企业内部推行了严格的OEC管理法，狠抓基础管理。经过几年锲而不舍的努力，海尔冰箱在全国同行业评比中，以最高分赢得国家质量金奖。这是中国冰箱史上的第一枚金牌，它标志着海尔品牌战略的成功。

故事看完了，我们来看四个问题。第一，这家企业发生了什么？第二，他们是如何处理的？第三，这样解决的好处是什么？第四，带给我们怎样的启示？

这家企业发生了什么？七十六台冰箱产品质量出了问题。

他们是如何处理的？砸掉。一开始员工同意吗？不同意。但为什么坚持砸掉？治哪里？心啊！

过由心造，亦由心改。这个企业在生产冰箱时，有设备，有标准，有工艺，还有外国专家亲自来指导，可员工总是犯这样那样的错误，这个门关不上，那个螺丝拧不紧。领导者开始思考，到底什么原因呢？是这里不对吗？不是。是没有讲过吗？讲过。那为什么还总出问题呢？噢……原来我们的员工啊，已经养成了这样的心性：做事情不在意。没见过好东西，认为这样的产品也行，也可以流向市场。

故事中，领导者说了一句非常触动人心的话：今天我们不砸了这些冰箱，将来人家就会来砸我们的饭碗！这一砸，砸到了员工的心里！员工的心变了，刻骨铭心。再回到车间，再来学技术，用制度，质量就抓起来了。

这个故事带给我们什么启示？改过从心改。管理无定法，治心者为上。在这个层面，并没有什么可以简单复制的。这个企业砸冰箱，那我也砸，未必都对。

它只是给我们讲一个道理，不管用什么方法，能化解这个心，改变这个心，整治这个心，那就是上法，就是高端管理。没有一定之法，必须怎么做。流程、制度可以借鉴，治心之法只能通过我们不断实践、思考、总结而获得。

一个管理者，如果不能引领员工的心，就不是称职的管理者；一个管理者，如果不懂员工的心，可以说不太适合做管理。

管理者不懂员工的心，又如何能说出知心的话呢？所以，管理者到底受没受过职业化训练，一张口就知道了。同样是管理者下车间，一张口员工就欢喜，一张口员工就信心百倍，一张口员工就内心生起惭愧和歉意，一张口员工就干劲儿十足，这就是优秀的管理者。而有的管理者，一下车间，一张口员工就垂头丧气，一张口员工就心生对立，一张口员工就开始找借口找理由。谁的过错？是员工的吗？不是。不是员工好不好管，是我们会不会管。不是简单的用制度管，是合乎人心啊！前面这些企业的管理者，他们有很多好的做法，我们学到了吗？对我们有什么样的参考和借鉴？

从心上改的第二种方法，叫"梦想的力量"。

稻盛和夫先生说：要想让全体员工拼命工作，大义名分是必不可少的。在中国企业，这种大义名分就是企业使命。这种使命全员共有，全员共享，全员为之而奋斗。没有这个，我们不可能调动员工的热情，这就是梦想的力量。

其实，每个人的内心都有一盏明灯，关键在于能否把它点亮。一个企业真的想高速发展，群策群力，就要把这梦想给点亮。

每个人都是有尊严的，都想追求有意义的人生，都愿意为社会做有意义的事情，那么，我们一定要让员工知道，我们所做的事情非常有意义。这个方法，就能激发员工为有意义的事情而奋斗。这就是我们的梦想。

方太文化讲"为了亿万家庭的幸福"，这是方太的使命。愿景是成为一家伟大的企业。方太的愿景，激励着方太人为之奋斗。当员工知道自己做的事情非常有意义，他就超越了生存，进入了精神世界，他愿意付出，愿意加班，愿意奉献，愿意在职场实现他人生的尊严。

当员工进入这种状态，各种过错自然就没有了。所以，企业首先要保证所做的事情是对社会有意义的，然后要让员工都知道。在这种引领下，整个企业会进入快速高质量的发展，因为大家整个心思不在过错上纠结，而在如何努力做得更好。

就像我们办学校，不在于你的课讲没讲好，他的课讲没讲好，而在于思考如何讲出更好的一堂课，让孩子们更加受益。看谁教的孩子成长更快，在思考这些问题，这种有意义的事情本身对员工的内心就是一种滋养，员工会享受在其中，快乐在其中。

以我们学校为例，我和老师们一起学习《中国教育现代化2035》：到2035年，总体实现教育现代化，迈入教育强国行列，推动我国成为学习大国、人力资源强国和人才强国，为到本世纪中叶建成富强、民主、文明、和谐、美丽的社会主义现代化强国奠定坚实基础。

以此为目标，学校开始了梦想之旅。我们怎么定的？我跟老师们说，世界的未来看中国，中国的未来看教育，创建品牌学校，助力教育改革，实现中华民族的伟大复兴。问老师们，大家愿意吗？老师们非常激动地说愿意。我们学校虽然小，也要去创建品牌学校，为的是助力教育改革，一起为我们民族伟大复兴加油助力。我们提出这样的梦想，叫"创建品牌学校"。我们把它给落地，叫作"一家经得起时代检验的品牌学校"。作为全校老师的共同梦想，做一家这样的品牌学校，去服务国家，去利益社会，这叫大义名分。

我跟老师们讲，创建品牌学校的重大意义是什么？我想有三个。

第一，响应中央号召，振奋时代精神，让这个时代看到中国教育的力量和崛起。

第二，落实教育方针，探索育人之路，通过品牌效应，落实党的教育方针，和各方面专家、一线老师共同探索人才是怎么培养的。

第三，给家庭以希望，给孩子以未来，让家长们看到希望，让孩子们看到美好的未来。做出这样的学校，然后去影响千万家学校，共同立德树人，让很多受我们影响的学校都来立德树人。

最终追求目标是"让更多的学生享用更好的教育"——通过我们的努力，通过我们的教研，通过我们一次次创造性的工作，未来能让更多的学生受到更好的教育。这就是我们创建品牌学校的真正的伟大意义。

当把这些有意义的工作交给老师们时，老师们开始努力，开始奋斗，开始积极研讨找思路，研究怎么做品牌效应，怎么育人，怎么做出高质量的教育体系。这时，大家所关注的已经不是过错，是什么？是如何更好，更好，更好。这像什么呢？就像书中所说的：

"但当一心为善，正念现前，邪念自然污染不上。如太阳当空，魍魉潜消，此精一之真传也。"

一个企业，怎么把大面积过错都"潜消"？"一心为善，正念现前"，把"一心为善"落实为使命、愿景、大义名分，让全体员工为这个理想而奋斗。大家在为理想奋斗的过程中，邪念自然不沾染。

我们所有的心愿都在这个善中，都在这个梦想中。这就像一个人成长的过程，当有了自己的梦想，那些坏习气、坏习惯都慢慢远离。这又像什么呢？让一片荒山不长杂草的最好方法，就是把它变成良田。不能变成良田，荒山会一直长草。过错改不完，过有千端，怎么办？一心向善，点亮梦想。当成为良田，就不再长杂草了。当企业有自己的梦想，有自己的追求时，改过的根本就实现了。

梦想是我们改正过失的不竭动力。我们为什么去改正这些过失？为了我们心中的理想，为了度过有意义的人生，为了实现企业快速发展，为了实现民族的伟大复兴。

梦想有两部分。一部分是企业的梦想，就是我们共同的理想；一部分是员工的梦想，就是我们个人的未来。这两部分都要有。比如，我们学校立志做一家品牌学校，老师们的梦想是立志成为教育家。如果教的学生中出了栋梁之材，就是当之无愧的教育家。

企业也是如此，既可以有企业的梦想，还可以有员工的梦想，两部分梦想交集在一起，成为我们共同的梦想。在这个共同的梦想中，有企业的辉煌、未来、发展，有个人的美好人生。我们带着这样的梦想前进时，改正过错是一件小事。

梦想从哪里来？从爱祖国中来。一家企业，当真的爱自己的祖国，希望国家繁荣富强，希望这个民族崛起、兴盛，自然会找到梦想。如果不是从这里找，梦想很可能是欲望和野心，而欲望和野心不仅不能减少过失，还会刺激员工犯下更多的过失，要小心。

习近平总书记在北京大学师生座谈会上说："爱国是人世间最深层、最持久的情感，是一个人立德之源、立功之本。"孙中山先生说："做人最大的事情就是要知道怎么样爱国。"

热爱祖国是企业的立德之源、立功之本和梦想的开始。当一个企业带着梦想远航，过错自然就一个个消失了。这也是从心上改，以梦想来改过，以立志来改过。

☆　　　　☆　　　　☆

人非圣贤，孰能无过？任何一家企业，员工犯错不可避免。犯了错怎么办？《了凡四训》教我们，过有三改：从事上改，从理上改，从心上改，三者联合运用。

从心上改。犯了小错，让员工心生惭愧，主动改过；在整个前进路上，以梦想推动企业不断成长。

在理上改。员工要知道自己和顾客的关系、自己和企业的关系。

在事上改。在制度流程、工艺标准和用人选人上都要下功夫。

三者联合发力，员工就能不断改过和成长。

把这事推动起来，要长善。什么叫长善？向这三个方向努力。如果发现中间有的地方做得不对，要救失。事上没有改的，理上没有改的，心上没有改的，那不是员工的失，是谁的？是管理者的。所以，帮员工事上改、理上改、心上改，是管理者本身的责任。

三者联合运用。从事上改，调制度；从理上改，用文化；从心上改，治人心。这三者都是管理中要触及的，都是我们应该学的专业化。三者合起来叫"以上事而兼行下功"，这是《了凡四训》告诉我们的。这样，过错就改过来了。

所以，以后遇到员工犯错误时，要思考怎么从事上改，怎么从理上改，怎么从心上改。在心上我如何发力？在事上我如何帮忙？在理上我如何阐述？这三者都要做。改过就是"德日进，过日少"，人生逐渐走向美好。

04 规避风险的良方：谦德

谦德的重要性

立命之学、改过之法、积善之方，以立命之学为根本并提出了改过和积善之法。这三篇已独立成篇，为什么还要再写"谦德之效"篇呢？因为袁了凡先生十分重视谦德，他在书中也提到了许多与之相关的名言。

《了凡四训》中的谦德：

易曰：天道亏盈而益谦；地道变盈而流谦；鬼神害盈而福谦；人道恶盈而好谦。

谦之一卦，六爻皆吉。

《书》曰：满招损，谦受益。

每见寒士将达，必有一段谦光可掬。

惟谦受福。

人能如此,即天地鬼神,犹将佑之,岂有不发者?

福有福始,祸有祸先,此心果谦,天必相之。

凡天将发斯人也,未发其福,先发其慧。此慧一发,则浮者自实,肆者自敛。

彼气盈者,必非远器,纵发,亦无受用。稍有识见之士,必不忍自狭其量,而自拒其福也。

谦则受教有地,而取善无穷,尤修业者所必不可少者也。

人之有志,如树之有根,立定此志,须念念谦虚,尘尘方便,自然感动天地,而造福由我。

了凡先生用了一整章来讲谦德,反复提及,以警示后人修谦德。一个谦,书中就说到了"皆吉""受益""将达""受福""佑之""福始""发斯人""取善无穷""感动天地"九种益处,皆是人人所期望的美好。例如,书中说:

丁靖宇,"有恂恂款款,不敢先人,如敬宇者乎?有恭敬顺承,小心谦畏,如敬宇者乎?有受侮不答,闻谤不辩,如敬宇者乎?"

冯开之,"虚己敛容""平怀顺受""未尝有一言相报"。

赵玉峰,"不惟不怒,且心服而速改焉"。

夏建所,"谦光逼人"。

张畏岩,"由此折节自持,善日加修,德日加厚"。

五人都是以谦而受福、受益。袁了凡先生的谆谆教诲,真的是发人深省。

当别人提建议时，能否"心服而速改焉"；待人接物时，能否"虚己敛容""谦光逼人"；和别人往来时，能否"受侮不答，闻谤不辩""见人善，即思齐，纵去远，以渐跻"。这些人品性如此高尚，我们自应见贤思齐，纵然目前还没有做到前辈的高度，也要一步一步努力追赶，做一个谦谦君子。

中华文明里的谦德文化

中华文明里的谦德文化非常灿烂，如果你对中国文化有所了解，会发现大量典籍记载了谦德文化。周朝有个大圣人叫周公，被称作"元圣"。《周公诫子》的故事就是在讲谦德。

> 成王封伯禽于鲁。周公诫之曰："往矣，子无以鲁国骄士。吾，文王之子，武王之弟，成王之叔父也，又相天子，吾于天下亦不轻矣。然一沐三握发，一饭三吐哺，犹恐失天下之士。吾闻，德行宽裕，守之以恭者，荣；土地广大，守之以俭者，安；禄位尊盛，守之以卑者，贵；人众兵强，守之以畏者，胜；聪明睿智，守之以愚者，哲；博闻强记，守之以浅者，智。夫此六者，皆谦德也。夫贵为天子，富有四海，由此德也。不谦而失天下，亡其身者，桀纣是也。可不慎欤？

伯禽是周公的儿子，周成王是周武王的儿子，周武王和周公是兄弟（周武王是哥哥，周公是弟弟），他们的父亲是周文王。武王伐纣，建立周朝，并传位给周成王。成王接班后，把他的堂弟即伯禽封去了鲁国（今山东）。伯禽上任之前，父亲周公对他进行劝诫。他说："儿子，你不能因为你是鲁国的诸侯而骄慢，轻看当地有才能的人。我是文王之子，武王之弟，成王之叔父，这三个人都是帝王，我又身兼辅佐君上的重任，在天下的地位也不算轻的。可我对天下人都不敢轻慢，洗一次头发，要多次停下来，握着自己已散的头发；吃一次饭，多次不及下咽，就放下饭碗去接待贤者。"

位高权重之人依然如此谦卑，是因为"我即便做到了这样，却还担心失去天下有才华的人"。然后，周公跟儿子伯禽讲了六种谦德。我们简单解说一下：品行高尚仍常怀恭敬之心的人，必享荣耀；封地辽阔，物产丰富，仍能保持勤俭的人，生活必然安定；位高势盛，仍然保持谦卑的人，必享高贵；人口众多，军队强大，仍能常怀敬畏之心，防备外患的人，必得胜利；自身聪慧明智但仍觉得自己愚笨，是富有哲思的人；见闻广博，记忆力强，但仍觉得自己见识浅陋，是有智慧的人。这六点都是谦虚谨慎的美德。

对照今天来看，如果一个人德高望重，还依然对人恭恭敬敬，平易待人，就会更加受人尊敬；资产很多的有钱人勤劳俭朴，这个家族就会安定安宁；地位很高的官员守之以卑，就会受人尊敬；团队很大，依然对办企业有敬畏心，才能不断地走向胜利；聪明智慧，却依然认为自己很愚拙，思想才会不断地前进；博闻强识，却依然认为自己很浅薄，才会真正获得智慧。

以上六点容易做到吗？不容易。世间不乏博闻强记者、聪明睿智者、德行宽裕者、土地广大者，但能做到守恭、守俭、守谦、守迁的不多。我们的祖先在三千年前就告诫了我们，放在今天依然振聋发聩、如在耳畔。人这一生不管有多大的学问，取得多大的成就，获得多高的地位，做到谦德，便能够一生平安，获得尊重。

人到中年小有成就，也读了不少书，经历了不少事，已经当领导了，这时候还能守住谦德吗？还认为自己仍有不足吗？这是件不容易的事。南怀瑾先生晚年评价自己："我这一生一无所知。"南怀瑾先生有许多著述，例如《大学微言》《论语别裁》，等等，但他却认为自己一无所知。越有才华学问的人越谦卑，越认为自己不知道的更多。只有那些有几分小才华、小智慧的人才会傲慢。

到后来，中国文化主流中谦德文化所占分量依然很大，比如春秋时期的《道德经》。原文有：

上善若水。水善利万物而不争，处众人之所恶，故几于道。
夫唯不争，故无尤。
持而盈之，不如其已。揣而锐之，不可长保。金玉满堂，莫之能守。富贵而骄，自遗其咎。功成身退，天之道也。
不自是，故彰；不自伐，故有功；不自矜，故长。
上德不德，是以有德；下德不失德，是以无德。
明道若昧，进道若退，夷道若纇。

大成若缺，其用不弊。大盈若冲，其用不穷。大直若屈，大巧若拙，大辩若讷。

这些关于谦德的描述，很值得学习思考。
儒家经典《孔子家语》中有一段话和《周公诫子》非常相似。

聪明圣知，守之以愚；功被天下，守之以让；勇力抚世，守之以怯；富有四海，守之以谦：此所谓挹而损之之道也。

这段话还是劝说人们要守谦德。即使聪明圣智已经到圣人的程度了，还要说自己很愚蠢；功成名就，还要礼让、谦让；力量强大，所向披靡，内心依然慈悲善良；财富积累很多了，依然觉得自己有所不足。这里的修谦德要比以前的难度更大，因为这里说的四样，已经是一般人不容易达到的程度了。

中国的谦德文化如此博大深邃。前面讲了孔子的观点，左丘明《左传》说："敬，德之聚也。能敬必有德。"孟子说："敬人者，人恒敬之；爱人者，人恒爱之。"一个人懂得尊敬别人，才是有德的人。做到温良恭俭让，文化人的气质出现了。像今年NBA打总决赛，勇士能不能拿总冠军？这个人说能，那个人说不能，两个人为此争吵起来，这是没有意义的。如果一个人说勇士能拿总冠军，另一个人赞同就好了，可以适当让一让，没有必要去争。懂得尊敬别人是给自己聚德，德越来越厚，帮你的人就会越来越多。所以，尊敬别人是德行的显现，是智慧的显现。而当你敬人的时候，别人才会反过来尊敬你。

从周公、老子、孔子到孟子，都在讲谦德文化。后来，出现了一本书叫《守弱学》，整本书专讲谦德，分为敬强篇、保愚篇、安贫篇、抑尊篇、守卑篇、示缺篇、忍辱篇、恕人篇、弱胜篇这九卷，教人怎样拿捏好尺度。正如文中所讲：

> 天非尽善，人无尽美。不理之璞，其真乃存。求人休言吾能，悦上故彰己丑，治下不夺其功。君子示其短，不示其长。小人用其智，不用其拙。

弘一大师也说过："谦退是保身第一法。"这一生我们在社会上行走，如果想保身，必须学会谦退。他又说："安详是处事第一法，涵容是待人第一法，恬淡是养心第一法。"

说到这里，我们就明白了，中国人为什么强调谦德？只是一个谦虚的美德吗？不是的。当你在社会上有了名利、有了富贵，你要思考怎么保身，规避重大危险。《了凡四训》也反复提到谦德，不要做满了，"大盈若亏"，要留有余地，这是中国人的文化。好比月亮到了十五，马上转入十六、十七，就要转亏了，不如做做十一、十二的月亮，这就行啦！

傲慢会带来什么

在管理中傲慢自处，害处有多大呢？有的人没接触过这方面的文化，没有思考过这个事情，他就认为自己是干专业化的，谦不谦没什么重要性。所以，我们来看看不谦的害处有多大。

分四种情况来说明，傲慢会给我们带来什么。

第一种情况，失去顾客。当我们和顾客往来时，顾客如果感到你很傲慢，他就不会提建议了。顾客没提出需求，你就做不出与需求相对应的好产品。要清楚产品不是硬卖给顾客的，而是根据顾客的需求进行调整的。顾客不会喜欢傲慢的乙方，因为他担心自己的需求不能被很好地倾听和接受。他会选择放弃你的产品，而去寻找更谦虚的甲方。

第二种情况，惹恼领导。当我们用傲慢的态度和领导相处时，他们会不再用心栽培我们，做错事了也不想提醒我们。领导处在高位，他一定有过人之处，有能力看到我们的不足。有时候领导提醒一句话，至少可以少走半年弯路。所以，对于那些谦卑的下属，领导总愿意提点他做事；对于那些傲慢的下属，领导是不愿意培养他的。当没有人提携你，你的成长肯定降速。

第三种情况，失去朋友。当我们和朋友往来时，朋友感受到你傲慢的态度，不愿意再给你提建议，不愿意再为你创造机遇。当朋友提醒你说："最近你该去学习传统文化了。"你说："传统文化还用学吗？我不学都懂。"朋友就会想："好，明白了，以后不再谈了。"

这是真实的事情。很多年前我去大连，正好有一个做企业的朋友在那儿，我提醒他说大连最近有课，可以上网去听一听、看一看。他说："什么？我还用听课吗？我讲课还差不多。"从他说完这句话，我再也不跟他发任何微信联络了，这样的人会失去朋友，慢慢变成孤家寡人。即使再无所不知，身旁若没人提醒，你一定也会有盲点。两只眼睛往前看，一定有你看不到的地方。所以，好朋友之间有一个很重要的关系，就是互相提醒。

插一个关于谦德的小故事。日本某表演大师在一次上台表演前，徒弟发现他的鞋带松开了，说："老师，让我帮您系上吧。"老师说："好，谢谢你！"等徒弟离开了，大师又把鞋带松开了。为什么呢？因为大师今天表演的是一个流浪汉，为了符合流浪汉的角色，他把鞋带松开，显出松松垮垮的样子。为什么没给弟子说破呢？因为这个弟子是新入门的，师徒关系还没那么贴近。他这么热心地想要帮助老师，老师接受他的帮助才方便以后进一步沟通。如果第一次就被拒了，以后弟子在别的事情上也不想提醒了。所以，老师看重的不是鞋带的问题，而是师徒感情。别人给我们提建议时，你要先接受，但未必要去改正。接受和改正是两码事。如果建议确实可行，那就马上去改变。

如果朋友第一次提建议就被拒了，他就不会再有第二次了，因为这是人的一种本能。让那些提建议的人心生欢喜，他才会继续给你提建议；那些给你提建议的人感到这是件尴尬、无聊无趣的事情，他就再也不肯做了。最后，即使你身上有很多错误被他看见了，他也不想自讨没趣。

第四种情况，伤害同事。当同事感受到我们很傲慢时，他们会怎么样？他们会欲言又止，最后三缄其口。同事每天和你相处时间最久，"人非圣贤，孰能无过"，同事之间很容易发现对方的错误，并互相补位。可是，如果你很傲慢，谁愿意提醒你呢？

有一天，领导下班找你下棋，你连赢领导三盘。同事好心想提醒你说："跟领导下棋别这么狠，最多杀个平局就行了，毕竟他是领导，是老同志了。"还没等同事开口，你就顶过去："不用你劝我，你也太虚伪了，下个棋还这么费事。"同事会想："好，那你就继续真实吧，我再也不多嘴了。"看起来你赢了三盘棋，实际上已经丢了一堆朋友，真实到已经没人缘了。

还有比这四种情况更糟糕的，就是伤害我们和老师的关系。"欲学不欲求师"是不对的，人的成长必须有老师的栽培。想有好老师教你，必须修一个基本的美德，叫谦德。"无谦德者，难遇明师。"如果你没有谦德，老师说东你说西，老师好意提醒你，你却不耐烦，老师说得深奥了你就摆脸色，老师便不想教你了。所以，人生为什么那么多苦，那么多问题难以解决？因为没有人指点你。为什么身边没有明师指点你？不是这个世间没有明师，而是你把明师都给气跑了，谁都教不了你。有的人，甚至连基本的师生之礼都没有。我们读过《孝经》，当孔子要讲课时，曾子避席曰："参不敏，何足以知之？"这就是谦德的学生，为了聆听老师的教诲，先要避席，真正做到了守愚、守浅、守谦德。

现在有些人不愿意做学生，更愿意高谈阔论彰显自己，这都是不学传统文化吃的大亏。当没有老师愿意教诫你的时候，你的学问会很难前进，最后吃亏的一定是你自己。这种傲慢的学生，老师是没法教、不愿教的。慢心如山，法水难容，傲慢的心像座高山，水进不去。想求老师，做好学生，要先学礼。

学谦德，学哪些？"父母呼，应勿缓；父母命，行勿懒。父母叫，须敬听；父母责，须顺承。"把父母改成老师，这就是师生之礼。"老师呼，应勿缓；老师命，行勿懒。老师叫，须敬听；老师责，须顺承。"把这些话做到了，才能得到几分学问。连礼都守不住就想开智慧，好难，有些智慧是自己悟十年都悟不出来的。与其自悟，不如明师点悟。

所以，傲慢给我们的生活制造出最严重的问题，不仅引起周边的人不悦，更为严重的是，对自身发展造成伤害。愿意帮助你成长的人越来越少了，不给你提醒，不给你指导，不给你机会，不给你善缘了，你的发展就会出现瓶颈。这就是傲慢带来的严重问题。

这个时代有才华的人很多，有能力的人也很多，但是有大成就、大事业、大学问的人不多。为什么？多数人过不了谦德这一关，傲慢成为他发展的瓶颈。

有个东北学生高考考了第一名的好成绩，暑假结束的时候母校请他回来分享成功经验。这个学生很狂妄地说："我这三年不需要老师指导，因为我很聪明，我靠自学就考了这么好的分数。所以，没有什么经验可以分享。"后来，这个学生一生都很潦倒，因为他的小聪明、小才华到了社会上没有用。领导帮你一次，可以少奋斗一年；老师教你一次，可以少读三本书，甚至读十本书你都读不出来那些道理。真正明白的人都在修谦德，不走弯路。

一个人的谦德修得多好，决定他成长的速度有多快。我们说成长改变命运，靠什么成长？就靠谦德。成长不仅来自我们发奋读书，更来自那些贵人、高人、名人、好人和善人对我们的支持、提醒、关怀和教导。没有谦德，你的成长变成孤军奋战，最终能飞多高？

"古之学者必有师。"成长必须靠老师，想跟老师学好，要尊师，要修谦德。所以，《了凡四训》中讲："谦则受教有地，而取善无穷，尤修业者所必不可少者也。"谦则受教有地，地是接受别人教导的空间，杯子能把水倒进来。然后，就可以取善无穷。谦德是修业者必不可少的品质。何为修业者？做事业的人，做学问的人。想做事业得学会做学生，想做学问得学会做学生。很多人只会做老板，不会做学生，尤其是事业做大以后就膨胀了。虽然事业成功，但一定有盲区需要别人提醒。尤其在面对圣贤、面对中华文化时，我们的几分小学问，算不了什么！

《周公诫子》说："夫贵为天子，富有四海，由此德也。不谦而失天下，亡其身者，桀纣是也。可不慎欤？"这句话很有意思，说得很肯定，谦德有什么重要性呢？"富有四海，由此德也"，天子的"富有四海"靠的是谦德。而不谦会"失天下，亡其身"。例如夏桀和商纣，都是因为不谦而灭亡的。周在夏商之后，所以，周公为儿子举这两个反面案例做典型。

如何规避决策风险

对于企业来说，也是如此。不谦，企业会败落。所以，谦不仅是修身之德，还是企业管理要修的德。

在企业发展中，决策是很重要的。决策定成败，决策定输赢。美国著名管理学家赫伯特·西蒙指出："决策是管理的心脏，管理是由一系列决策组成的，管理就是决策。"所以，管理最核心的东西就是决策。

他又说："在实际管理工作中，最大的失误来自决策失误。"比如，用人决策的失误、投资决策的失误、战略决策的失误，这些都会给企业带来重大损失，甚至让企业走向破产。

决策如此重要，为什么会出现失误？为什么当事人不知道？为什么看不出风险隐患？怎么去规避它？

谁在决策？是人在决策。具体来说，是领导者在决策。我们注意看，人和人决策能力差距很大，有的人决策很准，一路高歌；有的人决策很差，企业一步一个跟头。为什么会出现这么大的差距？这里的学问很深，给大家分析一下。

所有决策主要指向哪里？指向一个企业分析问题、解决问题的能力，这两个能力构成了决策。分析问题精准的人，有属于心性层面的智慧；解决问题能力强的人，有属于专业层面的智慧。这两种智慧保证了能作出正确的决策。那么，这两种智慧背后是什么智慧？无我的智慧。这三种智慧存在于心性中。

当一个领导者拥有前两种智慧，延伸出来就是能分析问题和解决问题，进而诞生正确的决策。所以，人和人决策的差距，往下说是分析问题、解决问题的差距，最根本的原因是无我的差距。

决策的差距是心性的差距，心性的差距是无我和自我的差距。多一分无我，多一分智慧；多一分自我，少一分智慧。就是这个差别。人在这一点上很少向内看，因为人很容易本能地去放大自我，尤其是功成名就之时。

如果你想智慧高、决策准，只有两种可能。第一种是先天的无我很大，智慧很大；第二种是修无我，也就是修智慧。当内在能够无我的时候，外在才能有智慧。错误决策都跟自我有关，就是这样的关联。

谦德的背后是无我。我们来看其中的关联：一个人谦德修得很好，深层是由无我支撑；没有无我做支撑，一个人很难表现出谦德。所以，一个人有谦德，实际内在是无我。当内在无我的时候，必然带出所对应的智慧，此时的决策力必然很强。我们发现，越有谦德的人，决策力越强。他的谦已经不是简单的美德了，而是智慧的显现。也就是《了凡四训》中所说："凡天将发斯人也，未发其福，先发其慧，此慧一发，则浮者自实。"这种智慧一出现，马上出现一个对应的美德，叫作"谦"。这个谦不是做作，不是伪装，不是虚伪，不是斡旋，不是左右逢源，是内在智慧所散发出来的。

简单来说，内在越无我，外在越显得谦。所以，当南怀瑾先生说他一生一无所知的时候，我们就知道老先生太厉害了，一般人达不到这个境界。我们之所以傲慢，是因为愚痴，修不出无我。所以，修谦德就是修无我，修无我就是修决策力。不谦的人失天下就是这个原因。

心性和谦德直接关联。为什么要修谦德？为什么了凡先生告诫儿孙要修谦德？因为它是一种修行，不是一种礼仪。礼仪只是简单的表现，表面的谦很多人都可以做到，但内在的谦是修出来的。

普通人不修谦德，会发生什么？只要是人，就会有自我意识，决策必须使用自我意识。决策天生自带风险，有人知道，有人不知道；有人大意，有人谨慎；越学传统文化的人越谨慎，因为他知道提升自我意识还有很大的空间，他不敢高估自己，不敢盲目自信自大。他知道有问题，所以不自恃、不自大。自我意识很大还要决策，就要想办法规避风险；否则，很容易酿成祸患。

对于企业，特别难的地方在于这种自我意识表现为自大、刚愎自用、经验主义、想象主义、官僚主义、欲望和情绪，这叫自大。明明没有那么大的收益，产值刚做了2000万，就想要一个亿，未必可行啊；刚愎自用，不听取别人的意见，认为自己是老板，未来就一定成功；经验主义，用过去的成功去指挥未来将要出现的新事实、新情况，这是不行的。好比从大连开车经过沈阳去长春，大连到沈阳的路况很好，却不代表沈阳到长春的路况也如此好；想象主义，比如招聘人力总监时，学人力资源的距离当人力总监，资质还差很远，不能想象学过什么就能做什么；官僚主义，不了解基层，不了解事实，不了解一线，靠欲望、情绪决策。这些自我意识必然带来决策的风险。

如果没有经受过训练，几乎每个人都会或多或少带有自我意识。如何规避这些风险？简单来说就是修谦德，用谦德来突破自我意识的束缚。谦德怎么用？怎么显化？

曾子说："用师者王，用友者霸，用徒者亡。"道理讲得浅显易懂。"用师者王"，领导者非常谦虚，善于请教，尊奉真正贤能之人为老师，从而成就功业。例如，刘备要向诸葛亮请教，曹操打仗之前向谋臣请教，刘邦出征之前征求萧何、张良、韩信的意见，遇到重大困难时请陈平出计谋。"用友者霸"，领导者对下属像兄弟朋友一样。"用徒者亡"，如果你所用的人都是言听计从、不能给你正确建议的人，唯唯诺诺，都是随声附和的人，当你出现决策失误时没人提醒你。而且，这些人会越来越放大你的自我，越来越加重你的刚愎自用，你说什么他们都说对，那你必然走向灭亡。

《孝经》在《谏诤章第十五》有专论："昔者天子有诤臣七人，虽无道，不失其天下；诸侯有诤臣五人，虽无道，不失其国；大夫有诤臣三人，虽无道，不失其家；士有诤友，则身不离于令名。"在古代设有诤臣，因为人们担心决策失误，而身处高位，每个人的地位都意味着决策失误会引起严重的后果，甚至关乎国家的安危。那为什么桀纣没有诤臣呢？因为他们失去了天德，比干献计被残害挖心，如此惨的下场，谁还敢做诤臣献计呢？

古代圣明君王需要诤臣来帮助，有很多这样的美德故事。例如，尧舜谏鼓谤木，大禹揭器求言，这两个典故说的也是关于谦德的故事。

什么叫谏鼓谤木呢？记载在《淮南子·主术训》中：

古者天子听朝，公卿正谏，博士诵诗，瞽箴师诵，庶人传语，史书其过，宰彻其膳，犹以为未足也，故尧置敢谏之鼓，舜立诽谤之木，汤有司直之人，武王立戒慎之鼗。过若毫厘，而既已备之也。

尧帝设了一面鼓，凡是想提意见的人就敲鼓。尧听取提议者的意见，以此鼓励大家，广纳人言。舜立诽谤之木，不论是谁，觉得国家治理有不对的地方，举起门口的木头，就表示有意见要提。

什么叫揭器求言呢？这在《鬻子》中讲到了：

禹之时，以五音听治。悬钟鼓磬铎，置鞀，以待四方之士。为号曰：教寡人以道者击鼓，谕寡人以义者击钟，告寡人以事者振铎，语寡人以忧者击磬，有狱讼者摇鞀。

揭器求言，是大禹了解民情、征求意见的特有方式。前来指教治国之道的人请击鼓，告诉处事方法的人请撞钟；反映情况的人请振铎；诉说忧虑的人请敲磬；诉讼的人请摇鞀。专门设了几个器具，意思就是告诉百姓，帝王会听取你的需求。这就是谦德啊！

先哲们如此，是为了什么？为的是避免个人主义，降低决策风险，提高决策准确度。这些方法，企业完全可以参照。反思一下，你的员工想和你说话，有没有这样的通道？他的言语是不是自由的？是不是可以无所顾忌地畅所欲言？

孔子在《周易·系辞下传》讲道："子曰：德薄而位尊，知小而谋大，力小而任重，鲜不及矣。"核心一句话是"知小而谋大"，有时候决策失误，原因就在于此。智慧渺小而谋划的事情重大，却刚愎自用，岂不是注定要犯错误？

做领导本身就不容易，很容易犯错误。韩非子说："人主有诱于事者，有壅于言者，二者不可不察也。"这个"人主"指的就是君主，也就是今天的领导者，会被事情所迷惑，会被言词所蒙蔽，不可不注意。在领导身边的人，说话要特别注意，说不好会误导领导者，出言要谨慎，什么当说什么不当说，该说的不说也不行，说错了也不行。

做领导容不容易？一不小心就会决策失误。例如，秦二世偏信赵高，有了妄为之祸；梁武帝偏信朱异，最后萧梁灭亡；隋炀帝偏信虞世基，有了彭城阁之变。这些都是事实。所以，毛主席说："让人讲话，天不会塌下来，自己也不会垮台。"所以，领导者也要让员工、下属说话，不能总是领导一说就拍板，先让大家各抒己见，大家说透了，你再听一听有没有合理之处，不可武断，这就是谦德。

新中国成立前夕，有人问周恩来："为什么蒋介石飞到哪里，哪里就打败仗，像毛主席天天坐在陕北，共产党却处处打胜仗？"周恩来回答说："我们的军队在政治方面是民主的，在军事方面也是民主的,我们有时甚至还准许士兵讨论作战命令,每个战斗小组还开诸葛亮会议。"有民主有集中,这样才避免了重大决策失误。先学会倾听,即使建议不合适,但建议背后流露出士兵的心声,所以也要听。听,不是只听和你意见一致的,也要听不同的。

"天下以言为戒,最国家之大患也。"这是梅福上汉成帝书里写的一句话。这句话对于治理国家特别有用。不让说,不想听,以言为戒是国家的大患,也是企业的大患。领导者不愿意听员工说话,企业会有风险。很多风险不是大家都没有想到,只是想说说不出来。朋友想说,你不愿意听;老师想说,你不去求教。如果身边总没有人提醒你,这就是危机的前兆。

我们要多听、反复听、仔细听,多次对照比较才会突破自我,作出正确的决策。毛主席说:"没有调查就没有发言权。"你对某个问题没有调查,就不要动用你对某个问题的发言权。注重调查,反对胡说。中国革命斗争的胜利就是因为中国人了解中国的实际情况,保守主义者迅速改变了保守思想,接受了共产党人进步的斗争思想。到斗争中、到群众中去做实际调查,才是好的领导者,才能做真正符合实际的工作。

作为企业领导者,不管是董事长、总裁,还是部门经理,想作出好的决策,一定要到一线调查,不轻易拍板。很多决策失误是因为没有考虑到变化,单凭想象也是做不出试点的。不做探索、不征询意见更是不利于企业发展。调查,也是谦德。去调查、去倾听、去接纳、去商量,领导者要做好这些准备工作。

一个合格的领导者是什么样子的？一个谦逊的管理者，善于倾听来自公司各阶层人的心声，从中学习，汲取有益成分，不断迈向成功之道。这是领导者的必修课。

作为管理者，每天很重要的一项工作就是决策，决策是管理的心脏。管理者要保证决策正确，就要学会谦德。把真实情况看细了、看明白了，在做决策时企业才会走向成功。每一天，我们都有可能从一个偶然相遇的人的身上学到一些东西，哪怕是在一个片段、一个提醒这样微小的事情上都能获益。处处都是学问，要处处用心。身边的每一个人、每一件事、每一本书，都值得你去思考和借鉴。这些都是谦德的表现。首先，让这些帮助我们走出自我意识，帮我们规避决策风险，最终才能受益。

古人讲谦德如此重要，因为它不是简单的文明礼貌，它是修心之法。保证你的决策正确的方法，就是谦，包括调查、倾听别人的劝谏，请教老师，请教同事和朋友。做好这些准备工作，决策才不容易失误，才会变得更加精准。

明朝有个名臣叫杨继胜，他说："遇事虚怀观一是，与人和气察群言。"有容忍之心，不管是谏诤之言，还是反对意见，都能听进去；与人往来时不要傲慢，尊重下级，尊重官兵，让人把话说完，听到真声音，汲取群众智慧，不凭主观臆断。《了凡四训》中说："谦则受教有地，而取善无穷，尤修业者所必不可少者也。"一个人拥有谦德，是其智慧和福报的体现，这是身为管理者所必不可少的，每一个管理者都应当深思、慎学、笃行，让谦德之效落到实地。